はじめに

このところ、日本を代表する名門企業で大規模な不正事件が相次いで発覚しています。「日本製品の品質についての信頼が崩壊してしまう」といった意見もありました。

不正の構図はさまざまで、経営の圧力によって現場が不正に走った場合もあれば、経営陣そのものが不正に手を染めていた場合もあります。その結果、経営が行き詰まってしまうのであれば、最も重要なリスクに対応できていなかったことになります。

問題が発覚した会社は、どこも立派な企業ばかりで、リスクマネジメントには取り組んでいたはずです。それが機能しないのはなぜでしょうか。

本書はこのような問題意識に立ち、内部不正から会社を守ることを主題にしたリスクマネジメントの入門書です。リスク管理部の人向けというより、多くの経営者やビジネスパーソンのみなさんが気軽に読めるように書いたつもりです。

第1部では実際に起きた企業不正事件をリスクマネジメントの視点で分析します。これは問題を起こした企業を批判するためではなく、「自分が関係者だったらどうすればよいか？」という観点で考えます。場当たり的に対症療法を考えるのではなく、リスクマネジメントの視点で問題点を整理します。実際に起きた事例はリスクマネジメントの限界や盲点を知る上でも生きた素材になります。

第2部ではリスクマネジメントの基本を解説します。第1部の企業不正事件と関連付けながら読むと、リスクマネジメントを実践的に理解できると思います。

本書をお読みいただくと、これまで常識だと思っていたことが、実は間違いだったと気づくことがあるかもしれません。そのときどのように行動すればよいのか、あるいは組織は本来どうあるべきかについて、本書がなんらかのヒントになることを期待しています。

安岡孝司

2018年2月

目次

第2部 クイズ形式で学ぶ リスクマネジメントの基本 161

第1部 企業不正事件の報告書から学ぶ

0　事件から学ぶための視点

第1部では、実際の企業不正事件をリスクマネジメントの観点で分析します。開発、技術、検査、営業、経営陣など、会社の各部門で起きた事件について、調査報告書などに基づいて原因や対策を考えます。

調査報告書は会社側の委託によって調査され公表されたものなので、すべての真実を適切にとらえているわけではありません。調査委員会が提言した再発防止策が不十分なこともあります。とはいっても、リスクマネジメントを実践的に学ぶという意味では、調査報告書は活きた素材であり、参考になるヒントが非常に多いと言えます。

自分の職場では当たり前だと思っていたことや、自分の会社の組織体制のあり方に問題はないか、あらためて考え直す機会になると思います。

ここでは第1部を読むための予備知識として、不正の主な原因を内部統制の視点でまとめ、

「3つのディフェンスライン」という考え方について簡単に説明しておきます。詳しくは第2部をお読みください。

【6つの原因】

第1部で扱う事件にはさまざまな原因があります。これらを場当たり的に分析するのではなく、リスクマネジメントの視点で考えます。すると経営陣のあり方や内部統制に共通の問題があることが浮かび上がってきます。その問題点を以下にまとめておきます。

①　経営者の圧力と監査役の機能不全

経営者の圧力とは、経営者が現場に無理な性能や利益の目標を負わせることです。この結果、品質偽装や不正会計が起きやすくなります。このような状態が続くのは監査役が機能していないことも意味します。

②　内部統制の抜け穴

品質不正は、製造と検査部署の独立性が十分確保されていないことによって起きやすくなります。また担当者が発注・調達・検収までできてしまうと、カラ発注が可能になり不正が起きやすくなります。

③　3つのディフェンスラインの不備

これについては後で詳しく説明します。

④　内部通報制度の不備と限界

内部通報制度があっても、社長の不正の場合はもみ消されるので機能しません。また情報提供者を保護する仕組みが不十分だと、誰も通報しません。

⑤　固定的な人事

同じ人が同じ職場に長年いると組織内や取引先との癒着が生まれやすくなり、不正が起き、発覚しにくくなります。

⑥　技術力不足

技術力不足とは、たとえば「ライバル社並みの性能」という目標が設定されたものの、技術力不足でそれを達成できない状態です。無理な目標を達成したかのようにみせかけるために不正が起きやすくなります。

どれも扱いが難しい問題ばかりで、どの会社でもあり得る話ではないでしょうか。

【3つのディフェンスライン】

ミスや不正行為が起きやすい組織の弱点をみる方法として3つのディフェンスラインという考え方があります。これは第1部の事例で原因を分析するときに使っている考え方の1つで、詳しい説明は第2部の第2章に書いてあります。

第1のディフェンスライン

第1のディフェンスラインは、現場レベルでのリスクマネジメントを意味します。たとえば、工事現場などで安全確認を励行するのが第1のディフェンスラインです。社内規程なども第1のディフェンスラインに含まれるものが多いかと思います。

第2のディフェンスライン

第2のディフェンスラインは現場と独立な立場でリスクマネジメントを行うことです。たとえば、工場で作られた商品の品質や性能は検査部門で調べますが、この検査部門が第2のディフェンスラインになります。第1か第2かは、業務リスクをとっているかどうかで分かれます。検査部門のように業務リスクをとっていない部署は第2のディフェンスラインです。

第3のディフェンスライン

第3のディフェンスラインは、内部監査の仕事です。内部監査部は社長や取締役会直属の組織になっています。第2と第3の違いは、業務を行う執行部門にあるか否かです。

第1部の事例をみると、ことごとく3つのディフェンスラインが効いていないことがわかります。みなさんの職場でもチェックしてみることをお勧めします。

1 東洋ゴム工業の免震ゴムのデータ改ざん
開発力不足の問題

【事件の概要】

東洋ゴム工業が建築用の免震ゴムのデータを改ざんしていた事件を、製品開発での不正防止の観点で考えます。はじめに事件の概要を日刊工業新聞の記事に基づいて説明します。

同紙記事（2015年3月16日）によると、東洋ゴム工業では建築用免震ゴムの性能評価用データを改ざんし、2004年7月から2015年2月までの納入品すべてが本来の性能を満たしていなかったことがわかりました。建築用免震ゴムとは、建物の基礎と建屋の間に入れて地震の揺れを建屋に伝えないようにするものですが、問題製品が国土交通省の大臣認定を取り消され、これを使う建物は違法建築物扱いになってしまいました。

同社は2007年にも建築用断熱パネルで大臣認定の不正取得事件を起こしており、その教訓が企業体質の改善につながっていないと批判されました。

問題の不適合品は自治体庁舎、病院、マンション、オフィスビルなど55棟に使われていました。その建物では免震ゴムの交換が必要なため、社会に大きな衝撃を与えたのです。東洋ゴムは主力のタイヤ事業で有名であり、この事件でトーヨーブランドへの信頼を大きく低下させてしまいました。

２０１５年10月には、同社の船舶や鉄道などの防振ゴムでも、材料検査をしないで数値を記入していたことや、抜き取り検査数をごまかしていたことが発表されました。問題になった製品は18社に納められた約８万８０００個になります。

11月には、新たに約３０００個の不適合品があったことが発表されました。一方、10月発表分には問題がなかったものなどが約４万４０００個あったことがわかり、これを差し引くと、全部で約４万７０００個に問題があったことになります。

同社では、交換修理などの対策費用がかさみ、２０１６年12月の連結決算で６７８億円の特別損失が生じ、８期ぶりの赤字に転落しました。そして、同社は民事責任と刑事責任が問われることになります。

この事件は、開発担当者の製品開発が間に合わず、性能評価をごまかしていたという内容です。その意味では、三菱自動車の燃費不正事件（２０１６年発覚）と似たところがあります。製品開発段階での性能偽装は、どの企業も抱える重大なリスクです。

【不正の内容】

この事件に関しては、社外調査委員会と第三者委員会が調査報告を行っています。社外調査委員会の委員長については、同社との独立性に疑念が指摘されていることもあり、以下では第三者委員会報告に基づいて原因を整理していきます。不正は免震ゴムと防振ゴムで起きていますが、本書では免震ゴムの問題のみを扱います。

第三者委員会の報告書によると、免震ゴムについての不正は次の2点です。

① 不正な申請書によって性能評価・大臣認定を受けていた。
② 大臣認定の基準に満たない製品を製造・出荷していた。

問題は大臣認定を得るための不正と、不適合品の製造・出荷の2点です。したがって、開発部門だけでなく、製造、検査、営業の各部門も不正に関わっている疑いがあり、リスクマネジメント体制にどのような不備があったのかを読み解いていくのがポイントです。

【不正の経緯と原因】

先行他社に追いつくために…

同社の開発部門では、免震ゴムの性能で先行他社に追いつくのに苦労していました。大臣認定取得の際、免震ゴムが性能不足であっても、上司が開発担当者に「お前が数値を入れろ」と指示し、必要な性能を満たしたかのようにしていたのです。

防震ゴムの性能検査にはいくつかの係数の補正が必要で、これには難解な計算が伴い、その内容までわかる人は限られています。技術的根拠のない補正が行われても簡単には見抜けません。

その後、担当者の人事ローテーションがあり、後任の2人は前任者の指示にしたがって性

開発部門の圧力と相談

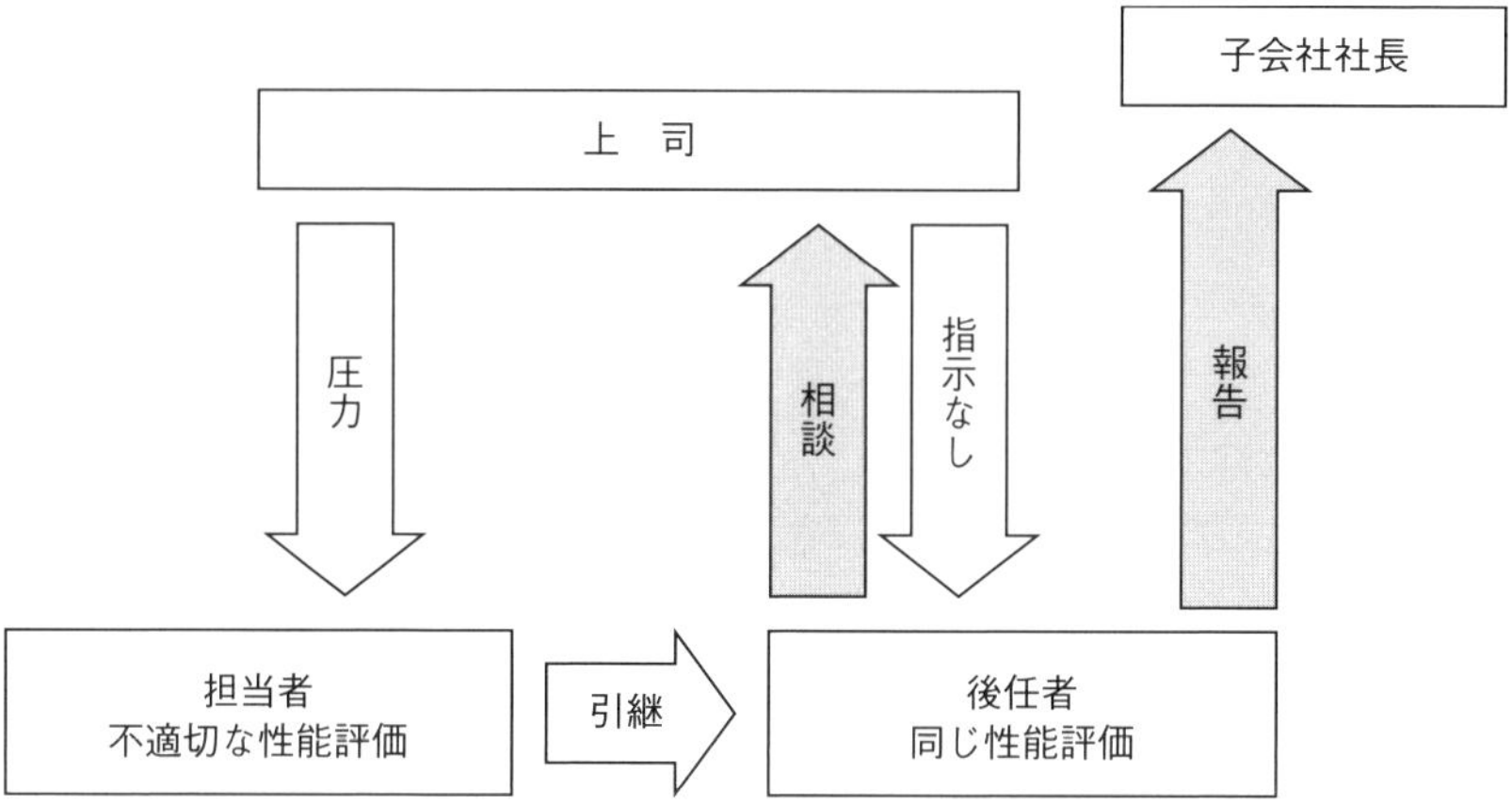

能検査を行っていました。不正が常態として引き継がれてしまったのです。

2人のうち1人は引き継いだ補正法を不審に思い、「技術的根拠が不明な補正が行われている」と上司に報告します。しかし上司からの指示がないため、前任者の方法に従うことになります。最終的にその後任者は子会社の社長に問題を報告し、発覚につながっていきます。

前ページの図はこの関係を表したもので、担当者個人の不正というより、開発部門の組織的な問題が見えてきます。つまり、製品開発のための技術力に問題があったことがまず考えられます。担当者個人レベルでの技術力だけではなく、開発に関わる人員体制が不十分だったことも意味しています。

その結果、特定の社員が長く開発を担当することになります。人事ローテーションが定期的に行われないと、開発部門の中での牽制が効かなくなります。

どの会社でも特殊分野の業務では技術者が少なく、人事異動が限られてしまいます。多くの会社が抱えている根深い問題かと思います。

製造部門との力関係

開発された免震ゴムの性能はしかるべき基準を満たしていないので、それを使って製品化すると、不十分な性能のものになるはずです。製品の性能評価は製造部の責任で行うものですから、製造と開発の間で独立性が保たれていれば、性能不足に気づき、出荷を止められるはずです。

ところが、製造部門は開発担当者に「製造部には非がないから数字を入れろ」と指示し、必要な性能を満たしているかのようにしてしまいました。

この関係を下図に示しました。部署間の独立性が保たれていないのは、開発部門より製造部門のほうが強いという関係があったからです。これは第1のディフェンスラインが効いていない状態です。

監視力のない品質管理部門

品質管理部門は、製造部門で作られた製品を独立に検査する立場です。問題の製品は十分な性能になっていないので、性能不足を検出するのが本来の仕事です。

しかし、品質管理部門でも顧客のクレームを避けるため、性能の数値を書き換えることがありました。このため次ページの図にあるように、基準に満

製造部門の性能評価

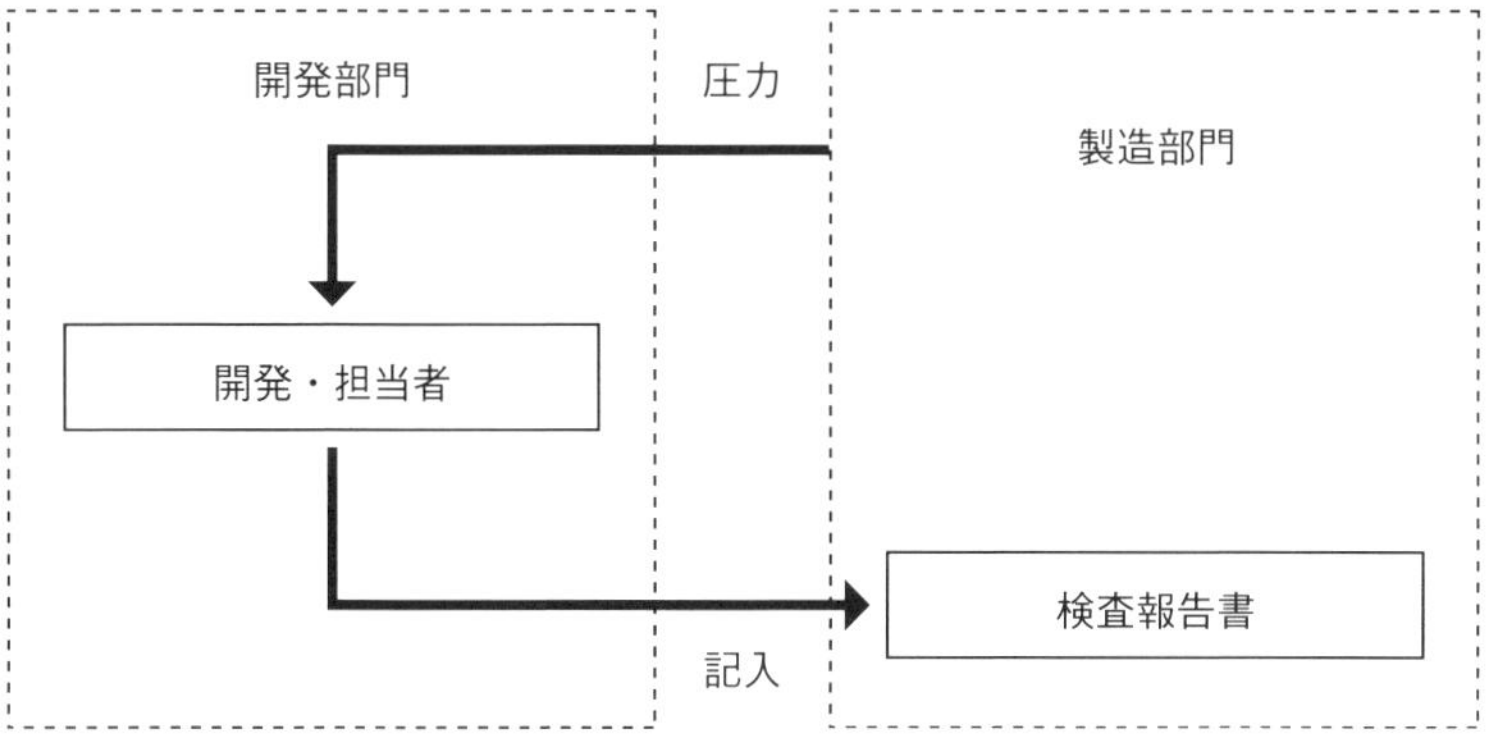

たない製品が出荷されてしまいました。品質管理部門と製造部門は組織としては独立しているようですが、事実上同じリスクをとっています。したがって品質管理部門は第2ディフェンスラインとしての役割を果たしていません。

そして、性能検査から成績証明発行までの流れと役割分担が適切にルール化されていませんでした。品質管理部門での内部統制ができていなかったことになります。

東洋ゴムでは開発、製造、品質管理の各部門で性能検査を行いますが、その結果をそれぞれの部で管理していました。各部のデータが共有されていれば、別の部署で検査結果をごまかしていても、自部署での検査結果とつじつまが合わないことに気づきやすくなります。データの共有によって、各部署間の牽制が効くようにできます。この場合はデータを他の部署に書き換

品質管理部門の性能検査

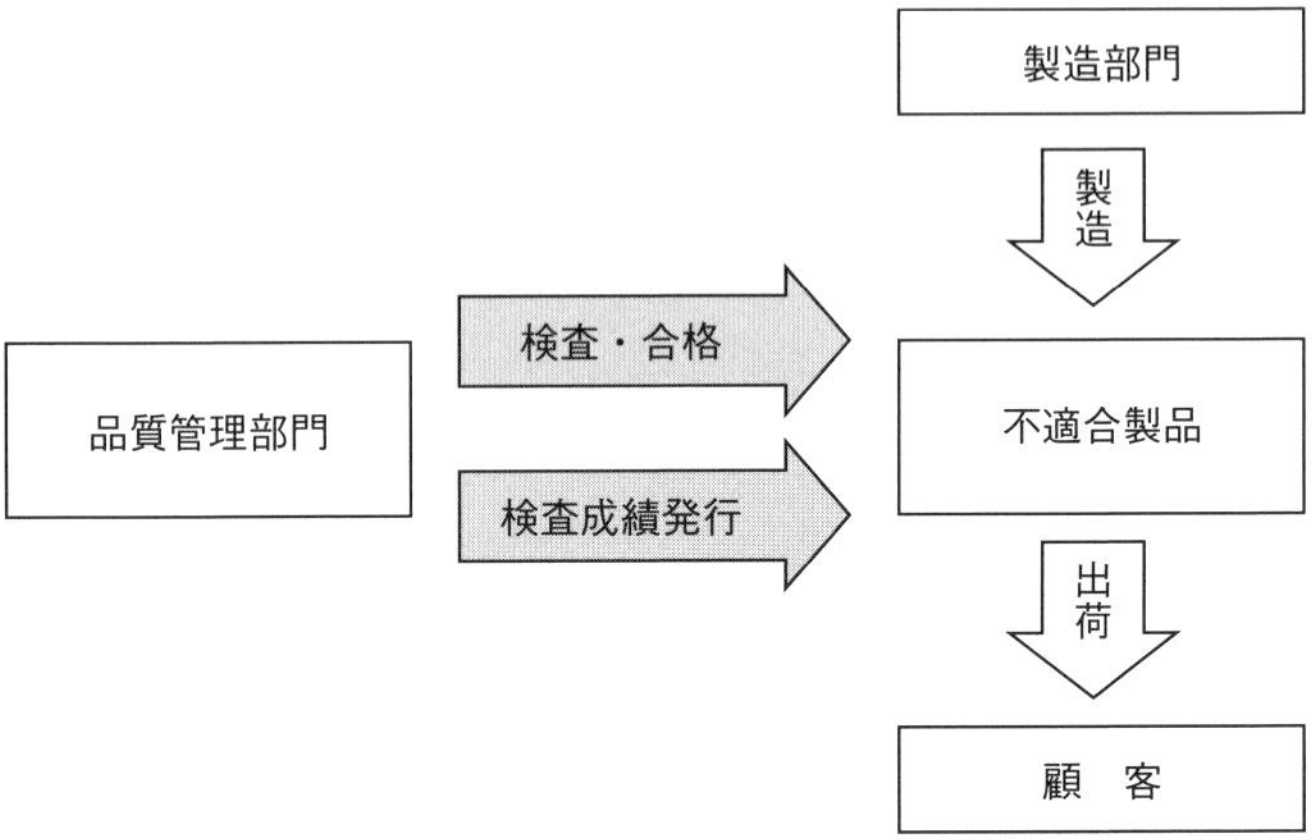

えられないようにしておくことが必要です。

機能しなかった内部監査

東洋ゴムでは、品質管理の責任者は任命されており、社内監査も行われていました。しかし、検査の数値の妥当性までは検証されていなかったのです。技術開発の細かい数値の意味まで監査部や品質管理の責任者が理解するのは難しく、メーカーならどこにでもあり得る話です。その意味では、類似技術の経験者を監査メンバーに加えるなどの工夫で第3のディフェンスラインを効かせることができるはずです。

【内部統制とコンプライアンス】

以上のことから、事業部全体の内部統制が効いておらず、社員のコンプライアンス意識が低かったと指摘されています。

監査役の現場ヒアリングが問題の事業所で行われたときも、該当の事業所長は「業務上の不正事例、不祥事」「コンプライアンス上の気になる事項」について「無」にチェックをして、本件を監査役に報告していませんでした。事業所長クラスのコンプライアンス意識が低いと言われても仕方がありません。

内部通報の限界

同社ホームページでコンプライアンス体制の整備状況を確認すると、２００６年に内部通報制度ができ、通報窓口として「ホットライン相談窓口」を社内外に設置しています。これは社員だけでなく、取引先も利用可能で匿名通報も可能となっています。

免震ゴムの開発担当者は上司や他部から不正行為を指示される立場でした。そのときに、ホットラインに相談しなかったのはなぜでしょうか。これを本人のコンプライアンス意識の問題と片付けるのは早計で、不十分な開発体制にもその理由があるはずです。

特定分野の技術開発で、担当者が長年その仕事に就いていると、その内容に精通している人が限られてしまいます。匿名で通報しても通報者が特定されやすい状況では、内部通報が機能しにくい状態になります。このことからも定期的なローテーションがリスクマネジメントのためには重要だとわかります。もちろん、ニッチな分野の技術者はローテーションが困難で、どの会社でも悩ましい課題かと思います。ここにはコンプライアンス頼みの限界がみえてきます。

監査役の人望

このような社風の会社で監査役が機能するためには、監査役が日常的に従業員とコミュニケーションをとり続ける努力が必要ではないでしょうか。従業員が上司や役員に不信感を抱いても、監査役には相談できる、と思われるほどの人望があることを望みたいものです。

通報から公表まで1年もかかった

免震ゴムの性能は建築の施工業者も建物の居住者も判別できないので、関係者が通報しない限り発覚しません。

２０１４年2月、免震ゴム開発の後任者らは子会社の東洋ゴム化工品の社長に「大臣認定の基準を満たさない免震ゴムが製造販売されている可能性」があると報告します。

子会社社長から東洋ゴム社長に報告が届くのは5月です。その後の取締役会で、新規受注をしないこと、出荷停止の準備、リコールの検討などの議論を続けます。そして翌２０１５年2月に国交省に一報を入れました。社員の報告からここまで1年もかかっています。

気になるのは社外取締役や監査役の役割です。社外取締役や監査役は取締役会に出席しているはずなので、不適合品の問題には気づいているはずです。彼らはもっと早く国交省に報告するよう勧告できたのではないでしょうか。

役員クラスのコンプライアンス意識が低いだけでなく、監査役も機能していなかったことになります。

【再発防止策と課題】

第三者委員会報告書の提言

第三者委員会報告書では国交省向けの提言と、東洋ゴム向けの再発防止策が提言されています。同社に向けての改善策は以下の内容でした。

① 品質保証部門(注1)の再編と権限強化
② コンプライアンスオフィサー制度の導入
③ 再発防止策のスケジュール化と見える化
④ 免震建築物の専門家による技術指導を受けること

この中では①が第2のディフェンスラインの強化に該当します。しかし、第1と第3のディフェンスラインについて言及されていないことが気になります。

(注1) 第三者委員会の報告書では「品質管理部」と「品質保証部」の表記が混在していますが、これらは同一部署と考えられます。

会社発表の再発防止策

会社側が公表している再発防止策は緊急対策と徹底対策の2本柱からなり、緊急対策は以下の3項目です。

⑤全事業にわたる全社的再監査
⑥東洋ゴム化工品明石工場の抜本的改革（検査の不正防止対策など）
⑦品質保証・管理体制の再構築

これらは第三者委員会改善策①の具体案で、⑤と⑥は第1と第3のディフェンスラインの強化にもつながるものと考えられます。

徹底対策は以下の3項目です。

⑧コンプライアンス、ガバナンス強化
⑨不正行為の早期探知など
⑩社内教育と企業風土改革

これらは第三者委員会改善策の②に対応するものです。同社ホームページには今後の取り組み状況が公開されており、信頼回復に向けて取り組んでいるようです。

しかし競争力の弱い事業のため、コストの制約から体制が脆弱、つまり人手不足になっています。さらに体制を整備しない限り、内部統制の強化だけで状況を改善することは困難でしょう。体制整備のコストを負担できないなら、事業売却するほうが従業員にとっても幸せなはずです。

再びバルブ向けゴムで不正

２０１７年２月には別の不正が発覚しました。日刊工業新聞によると、タンカーなどに使うバルブ向け産業用ゴムの一部製品で、顧客との取り決め検査規程を守らず納入していたとのことです。原因などの詳細はわかりませんが、検査員が１人で忙しかったためとされ、検査体制そのものが信頼できない状況に陥っています。

人手不足に原因があるのなら収益構造に無理があるので、業務縮小あるいは撤退・売却といった抜本的な対策が必要かもしれません。実際に同社は同年７月には産業用ゴムなどの化工品事業を売却することを発表しています。

●参考資料

日刊工業新聞：2015/3/16, 2015/3/18, 2015/10/15, 2015/11/2, 2017/2/8, 2017/2/21, 2017/7/31

東洋ゴム工業ホームページ：信頼回復に向けて（一連の問題に対する再発防止策）、２０１５年12月25日

免震材料に関する第三者委員会：免震材料に関する第三者委員会 報告書、２０１５年7月29日

「免震積層ゴムの認定不適合」に関する社外調査チーム：調査報告書、２０１５年6月19日

2　富久娘酒造の表示偽装

技術力不足の問題

【事件の概要】

２０１３年に富久娘酒造で、醸造アルコールを混ぜた酒を純米酒と表示していた事件が発覚しました。富久娘酒造はオエノンホールディングス（ＨＤ）の子会社です。

朝日新聞の記事によると、純米酒は米と米麹だけで作るものですが、同社では品質を安定させるため醸造アルコールを混ぜていたのです。また、吟醸酒、純米酒、本醸造酒には規格外の米が混ぜられていました。問題商品は全部で49品目、約25万本分あり（一升瓶換算）、全品を回収することになりました。

富久娘酒造の社長は「管理の不備でお客をだますことになり申し訳ない」と謝罪しています。この事件は持ち株会社（オエノンＨＤ）の子会社（富久娘酒造）の担当者レベルで起きており、持ち株会社と傘下子会社のリスクマネジメントを考える上でも参考になる事例です。

第三者委員会の報告書によると、重要な原因は技術力不足と生産スケジュール厳守の体制にあるとし、管理者と製造現場のコミュニケーションが不十分だったとも指摘しています。報告書を3つのディフェンスラインの視点で読むと、第1のディフェンスラインがまったく効いていない製造現場だったことがわかります。

以下では、第三者委員会報告書に基づいて事件の原因を整理し、再発防止策について考えます。

国税局の調査で発覚

富久娘酒造の灘工場に2013年8月の国税局調査があり、「原料米の受払数量が合わないこと」「もろみ経過簿（もろみの発酵経過を記録するもの）への記帳漏れ」が指摘されます。その後、同社とオエノンHDの社内調査が行われ、「純米酒に醸造アルコールが使われていたこと」「規格外の米が使われていたこと」が発覚しました。

清酒には「普通酒」と「特定名称酒」があります。「特定名称酒」とは「本醸造」「純米酒」「吟醸酒」など上級の酒で、それぞれの名前ごとに原料と品質の要件が定められています。醸造アルコールが混じった酒は「本醸造」に分類されるので、これを純米酒として売ると偽装表示になります。また、特定名称酒は3等以上に格付けされた米を使わなければなりません。3等以下は「規格外」になり、これを混ぜて吟醸酒として売ると偽装表示になります。同社は酒税法などの申告義務違反、表示義務違反に問われました。

また、入荷した原料や使用した原料は種類や量を記録しなければなりません。本来使うべき品質の米を使っていないと、この記録につじつまが合わなくなります。醸造アルコールの使用量についても同様です。

酒造業者にはこの記録を残す義務（記帳義務）があります。意図的に規格外の原料を使っていたなら、それを隠すために記録をつけていなかった可能性があります。この場合は酒税法の記帳義務違反に問われます。

【不正の経緯】

お酒の味は人それぞれに感じ方が違いますが、私たち消費者のレベルでは原料の内容まで見分けられません。経営が苦しいところでは、ばれない程度に安い原料を混ぜるという不正が起きやすくなります。また十分な技術力がないと、品質を安定させるために不適切な原料を混ぜるという不正も起きやすくなります。これは食品メーカーならどこでも起こり得るリスクです。

この事件は製造現場の判断だけによる不正なのか、経営者の指示によるものかという点も気になります。このような不正を防ぐ体制ができていたのかを考えながら、第三者委員会報告書の内容を整理していきます。

生産計画を守るために…

酒造りは発酵という自然現象を扱うので、製造には不安定なプロセスがあります。富久娘酒造では2011年から加工用米を使い始め、仕込み法を酒母仕込み(注2)から酵母仕込みに変えました。この変更もあり、製造担当者の期待通りに発酵が進まなくなっていきました。

担当者はマネージャーと相談し、いろいろな工夫を試みますがうまくいかず、自分の判断で純米酒に醸造アルコールを加えていたのです。発酵に十分な時間をかけるという解決策もあったようですが、発酵期間を延ばすと生産が遅れ、生産設備の制約から、他の品種の製造を始められなくなるという事情がありました。生産計画を守るためには予定以上の時間をかけることができず、安易な方法に走ってしまったのです。

その後、3人の社員がこの業務を引き継ぎ、醸造アルコールの添加方法まで引き継いでしまいました。そのうち1人はこの添加が不正行為だと気づいていましたが、他の2人は不正に気づいていなかったようです。

担当者の上司（製造部門のマネージャー）はローテーションがあり、5人が入れ替わっています。彼らはこの不正には関与しておらず、マネージャーより上位の工場長、社長も関与していなかったとしています。

（注2）酒母：米、麹、水などを使って酵母を培養したもの

言い訳がしやすい状況

この事件は、技術力不足に担当者の不適切な判断で対処しようとしたことが直接の原因です。本人の欲利のための行動ではなく、工場の生産計画を守ろうとした行動なので、言い訳がしやすい状況でもあります。

上司や経営者が関わっていなかったとはいえ、厳しいスケジュールの生産計画を立てたのは経営側ですから、無理が現場担当者にしわ寄せしたことになります。このような担当者レベルでの不正に対しては、どのような防止方法があるのでしょうか。

最初に不正をはたらいた担当者が自ら内部通報することは期待できません。不正行為に気づいた後任者が内部通報すれば、不正は長引かなかったことになります。

しかし、合法的でない方法であっても、前任者のやり方を引き継ぐということなら罪悪感が薄れるのかもしれません。あるいは後任者も生産計画を守るために、深く考えなかったのかもしれません。

不正防止策が簡単に破られた

次に原料の不正使用をチェックする仕組み、つまり第1と第2のディフェンスラインの視点で、工程の管理状況を整理します。

担当者はもろみに醸造アルコールを加えているので、もろみ全体の重量が増えてしまいます。つじつま合わせのため、担当者は「もろみ経過簿」に「水を足した」と記録していました。本来なら「醸造アルコールを足した」と書かなければならないので、これが記帳義務違反になります。

この醸造アルコールは貯蔵タンクのものを使うので、その際にはアルコールの「払出簿」に記録しなければなりません。担当者はそれを隠すため「普通酒の仕込みにそれを使った」と記録していました。貯蔵タンクのアルコールの在庫のつじつまを合わせていたのです。工場全体では大部分が普通酒なので、この調整は目立ちませんでした。

また、醸造アルコールを使うということは、それを貯蔵タンクからほかの場所に移動させることになるので、「容器移動簿」に記録しなければなりません。担当者はこれに記帳していな

醸造アルコール添加のプロセス

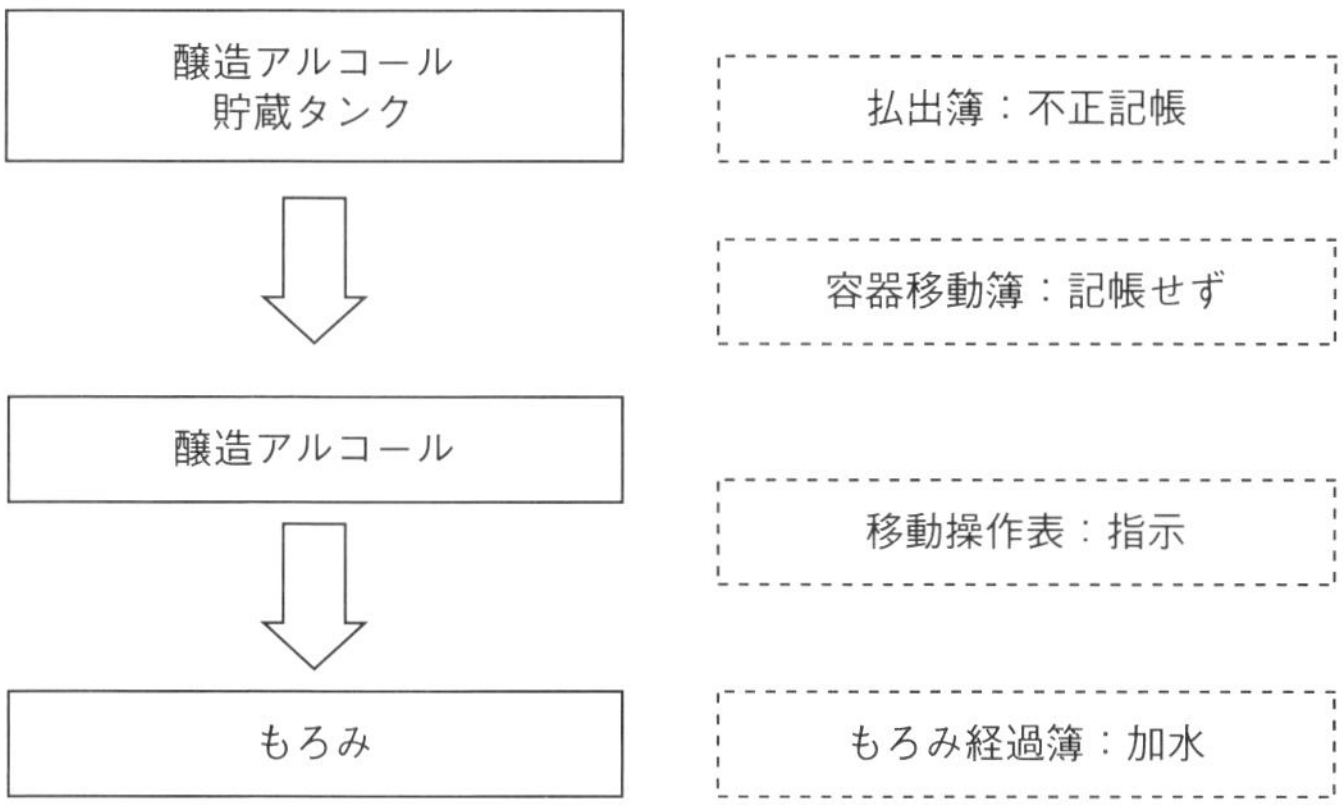

かったので、何に使われたかがわからない状態でした。もろみに醸造アルコールを加えるときは、「移動操作表」に書いて作業を指示します。これは記録されていたとのことです。

これらの帳簿は工場内の原料を不正に使わせないための仕組みですが、簡単に破られていたのです。なぜなら、記帳する人と使う人が同じだからです。原料を使う際には複数人が立ち会い、使用者以外の人が記帳するといった監視の仕組みがなかったことになります。つまり第1のディフェンスラインができていなかったといえます。

つじつま合わせをしていた?

工場での白米の受け入れと使用については「白米受払表」で在庫を管理します。特定名称酒には3等以上の米を使うことになっているので、規格外のものを使うと受払表につじつまの合わないところが出てきます。あるいは虚偽記載によってつじつま合わせをしなければなりません。

そして国税庁の調査で、原料米の受払数量が帳簿と合わないことが指摘され、表示偽装が発覚したのです。ほかにも不適切な行為がいくつか指摘されていますが、以下では醸造アルコールの添加に着目して考えていきます。

帳簿の不自然さに管理者が気づかなかった

もろみ経過簿は社長、工場長、品質管理グループマネージャー、担当者が押印することになっていました。純米酒のもろみに醸造アルコールを混ぜると、日本酒度とアルコール度数が大きく変化するとのことです。これらの数値は正確に記録されていたので、「上席の人に十分な知識経験があれば、不自然な数値の変化に気づいただろう」と指摘されています。

また醸造アルコールの添加が記録されていた移動操作表は、グループマネージャー以上の人が閲覧可能でした。「これをしっかりチェックすれば純米酒への添加に気づくことができた」とも指摘されています。

グループマネージャー、工場長、社長は不正に関与・認識していなかったとのことですが、監督責任は問われます。外部（国税庁）の人が気づいた帳簿の不自然さに、社内の人間が気づかなかったという点では、第２のディフェンスラインも効いていなかったことになります。

【原因】

第三者委員会報告書では事件の原因を次のように指摘しています。

① 製造担当者の技術不足

技術不足についてはすでに説明した通りです。また、外部杜氏が仕込みをしていたのを、社内杜氏による仕込みに変えたことも技術不足の遠因です。

② 生産計画の問題

富久娘酒造では赤字経営が続き、コストダウンのため人員削減が行われていました。その一方で純米酒の販売が大幅に増加したことから純米酒の原酒が不足し、それでも生産計画通りに製造しなければならなかったことも安易な不正に走った原因です。

③ 原料米の選択

オエノンＨＤは原料に加工米を一定量使う方針を打ち出しており、富久娘酒造もその方針に従うことになりました。担当者は加工米を使ってみて、製造上の問題があることをグループマネージャーに相談しています。しかし担当者に原料米を決める権限はなく、マネージャーは原料米を変えようとしませんでした。この判断も原因の1つです。

④ 管理者と現場のコミュニケーション不足

グループマネージャーと現場の担当者との定期的な情報交換の場がなかったため、問題意識を共有できなかったことも原因です。

⑤ 管理者の管理意識不足

グループマネージャーは製造現場に対するリスク管理意識がなく、帳簿を詳しくチェックしていなかったことが指摘されました。帳簿の不自然さは国税局が発見できたわけですから、グループマネージャーが帳簿をしっかり見ていれば不適切な行為を見抜けたはずです。

またグループマネージャーは2、3年で異動するので、製造現場を理解・監督しようという意識が低かったとも結論しています。同じ人が長くいるのは癒着や不正の原因ですが、半端に交替するのも問題があるといえます。

⑥ 品質管理の問題

品質管理グループは、もろみのサンプルを分析するだけで、もろみ経過簿を見ることはありませんでした。これは、プロセスのチェックをしないで、結果のチェックだけをしていたことになります。つまり、品質管理グループは製造現場での問題がないかをチェックする役割を期待されていませんでした。製造部門と品質管理部門が出来上がった製品だけでつながっているのではなく、品質管理部門が製造プロセスの検査もすべきだと指摘されています。

また、製造部門と品質管理部門とで組織的な情報交換が行われていません。このコミュニケーションの悪さも、不適切なやり方が長年続いた要因です。
結果として第2のディフェンスラインも効いていないのです。

⑦ コンプライアンス意識の欠如

本件は担当者のコンプライアンス意識の低さが最大の原因ですが、前述したようにグループマネージャーの管理意識とコンプライアンス意識の点で「製造現場任せ」と指摘されています。そして、コンプライアンス意識の欠如は富久娘酒造の組織全体の重大なリスクと指摘されています。

報告書には内部監査機能についてはほとんど記述がなく、監査役についてはまったく触れていません。調査の方法として重要な見落としがあるといえます。

【再発防止策と課題】

同社と持ち株会社の責任

この事件は持ち株会社の子会社の現場レベルの不正事件でした。この場合、親会社の責任がどの程度問われるのでしょうか。

第三者委員会の報告書では富久娘酒造の現場担当リーダーに最も重い責任があるとし、グループマネージャー、工場長、社長の責任も重大としています。

富久娘酒造の製造グループマネージャー以上の管理職はオエノングループ内の他社からの出向で、短期間の異動を繰り返しています。オエノンＨＤの富久娘酒造への経営上の影響力が強いことから、オエノンＨＤの社長や担当取締役の責任も免れないとしています。

第三者委員会の提言

第三者委員会報告書はいくつかの再発防止策を提言しています。コンプライアンスの徹底はもちろんですが、他には生産設備の補充、適切な生産計画、品質管理グループと製造グループの連携、現場と管理者のコミュニケーションなどを提言しています。

再発防止策はこれで十分でしょうか。設備投資と精神論的な対策に終わっている感が免れません。

現場担当者の問題行動を読み直せば、内部統制の不備がはっきりしてきます。とくに原材料（醸造アルコール、原料米など）の使用については、帳簿への記帳を第三者が立ち会うようにするなど、仕組みとして改善できることがあるはずです。つまり第１のディフェンスラインの整備がカギになります。

親会社が発表した再発防止策

オエノンＨＤからの再発防止策は２０１４年2月に発表されました。その内容はコンプライアンス、在庫管理の徹底などで、基本的には第三者委員会の提言に応える内容です。

第1のディフェンスラインという点では、原料米の使用時に副工場長が立ち合うことになった部分が第三者委員会の提言策よりも踏み込んだ内容になっています。しかし、醸造アルコール使用時のチェックについては具体的な改善策が示されておらず、気になるところです。

性善説を唱えるほうが立派な意見に聞こえるが…

話が少し横に逸れますが、私はリスクマネジメントの講義で「コンビニのリスクを抽出する」といった内容のグループ演習をやることがあります。学生たちはあれこれと議論しながら、20種類ほどのリスクを抽出してきます。

その結果は概ねよくできているのですが、社員や経営者の不正はめったに出てきません。せいぜいアルバイト店員によるトラブルが出てくるくらいです。人間のミスに原因があるものは思い浮かびやすいのですが、内部からの不正はなかなか思いつきません。しかし、会社の存続が危ぶまれる事態に陥るような重大な事件は、内部の不正によって起きることが少なくありません。

どうやら我々は、「内部の人間は、ミスはしても不正はしない」と信じているようです。根底には、仲間を信じることは美徳で、むしろ「仲間を疑うのはよくない」と考えているのではないでしょうか。

たとえば、組織で身内のメンバーの行動になんらかの疑いを感じ、それを取り上げて議論しなければならないことがあります。そこで誰かが「仲間を疑うのはよくない！」と声高に言うと、みな押し黙ってしまいます。性善説を唱えるほうが立派な意見に聞こえるからです。

このような組織はリスクマネジメントが機能しないばかりか、重大なリスクをはらんでいることになります。公正な判断のできる人や組織を育てるためにも、互いに牽制しあえる風土は重要なのです。

●参考資料

朝日新聞：2013/11/12, 2013/12/12, 2014/2/15
オエノンホールディングス：富久娘酒造株式会社の不祥事調査に関する第三者委員会からの調査報告に基づく再発防止策について、２０１４年2月26日
富久娘酒造の不祥事調査に関する第三者委員会報告書、２０１４年2月12日

3 神戸製鋼所の品質偽装
データの改ざん

【事件の概要】

2017年の秋、日産自動車の無資格検査、神戸製鋼所や三菱マテリアル子会社、東レ子会社での品質不正が相次いで報道されました。日本品質を象徴する業界のトップ企業で続いた不祥事であり、日本製品全体の信頼低下が広がることを心配する声が高まりました。ちなみに問題の4社のうち監査等委員会設置会社（第2部第2章参照）は神戸製鋼だけで、他の3社は監査役会設置会社です。

この章では神戸製鋼所の品質偽装の問題を取り上げます。この事件については第三者委員会などによる調査結果が出ていないので、まだ詳細がわかりません。そこで「同社のリスク管理の考え方に問題がなかったか?」という観点で、新聞報道や同社資料をもとに考えていきましょう。

まず日本経済新聞の記事に基づいて、品質偽装の概要をまとめます。

同紙記事（２０１７年10月９日）によると、神戸製鋼はアルミ製部材などで顧客の求める品質基準を満たさず、品質データを改ざんしていました。品質検査の証明書を改ざんしていたのは山口県の長府製造所など４事業所です。２０１６年９月から２０１７年８月までの間に強度や寸法のデータを偽装していた製品は、アルミ・銅事業の年間売上の４％を占めています。データ改ざんは10年ほど前から行われ、管理職を含め数十人以上が関わり、組織的に行われていました。

問題製品の納入先は国産旅客機「ＭＲＪ」を開発する三菱重工業の子会社、米ボーイング、ＪＲ東海、トヨタ自動車など約２００社もあり、乗客の安全性に関わる問題として不信が国際的に広がりました。

その後、同社の鉄粉や子会社コベルコ科研での金属

部材データの改ざん状況

アルミ製部材・アルミ鍛造品	長府製造所（山口県下関市）、真岡製造所（栃木県真岡市）、大安工場（三重県いなべ市）
銅製品	長府製造所（山口県下関市）、コベルコマテリアル銅管秦野工場（神奈川県秦野市、JIS認証取り消し）
鉄　粉	高砂製作所（兵庫県高砂市）
光ディスクなど向け成膜材料	コベルコ科研（神戸市）

（日本経済新聞　2017/10/12　から作成）

材料に品質偽装の発覚が続き、10月13日には主力の鉄鋼製品でも品質証明のデータ改ざんがあったことがわかりました。

その後コベルコマテリアル銅管の秦野工場で、ＪＩＳ規格を満たしていない銅管にＪＩＳマークをつけて供給していたことがわかり、ＪＩＳ認証を取り消されました。当初、同社での不正は10年前から行われていたと説明されていましたが、その後の発表によると、数十年前から続いていたとのことです。

【発覚の経緯】

不正は２０１７年8月のアルミ・銅部門の自主点検で明らかになり、８月30日に社長や取締役に報告されました。

公表が10月９日なので1か月以上経過しており、対応の遅さも批判されました。

Ｋ会長兼社長は「法令違反ではない」「鉄鋼事業で不正はない」としていましたが、その後、子会社のＪＩＳ取り消しと鋼材の不正が判明しました。経営陣のリスク管理意識の甘さが露呈したことにもなります。

のちほど同社の有価証券報告書にある事業リスクを分析しますが、そこでもリスク管理の甘さが裏付けられることになります。

【経営理念とリスク管理】

リスクマネジメントの基本は経営理念をリスク管理の中心軸に据えることです。これは第2部第4章で説明しています。神戸製鋼では経営理念がリスク管理に反映されていたのでしょうか。はじめに同社の経営理念を確認し、次にリスク認識の状況を調べ、それらの関係を分析します。

企業理念には「信頼される技術、製品…」とあるのに

神戸製鋼は2006年にグループ企業理念を制定しました。

> 「神戸製鋼グループ　企業理念」
> 1．信頼される技術、製品、サービスを提供します
> 2．社員一人ひとりを活かし、グループの和を尊びます
> 3．たゆまぬ変革により、新たな価値を創造します
>
> （同社ホームページから）

同社はこの年に「ＫＯＢＥＬＣＯ」をグループブランドとして定めました。そして『ＫＯＢＥＬＣＯ』と言えば、『信頼される企業グループ』であるということを１人でも多くの世界中の方に知って頂けるよう取り組んでいく」としています。

２０１７年には企業理念を「ＫＯＢＥＬＣＯの３つの約束」と呼び方を変えています。呼び方は変わりましたが、「信頼される技術、製品、サービス」を第１に掲げ、信頼を重んじる姿勢は同じです。

「理念」は掲げるものなので看板のような位置づけですが、「約束」はステークホルダーとの契約、あるいは自らに課す義務のような強い意味を持ちます。つまり、「信頼される」企業であることを今まで以上に強く自らに義務付けたのです。

しかしこの決意のわずか半年後には、世界規模で「信頼」を裏切り続けていたことがわかったのです。理念に反することより、自ら約束したことを反故にするほうがはるかに大きな落差があります。

有価証券報告書のリスク記載には「品質リスク」なし

神戸製鋼は事業のリスクをどのようにとらえていたのかを有価証券報告書で確認してみましょう。有価証券報告書には８つの重要な事業リスクが記されています。これを表にまとめ、リスクの４分類の考え方（第２部第５章参照）で分類しました。

８つのリスクのうち最上位の３項目は売上とコストの変動リスクであり、すべて市場リスクに分類されます。財務リスクの内容も市場リスクのことを書いているので、全体の半分（４項目）が市場リスクです。

それぞれのリスクには内部要因と外部要因のものがありますが、これも大別して表に記しました。この結果、同社は外部要因の市場リスクを最重視していることがわかります。８つのリスクのうち内部要因によるものは２つしかなく、内部リスクにほとんど目を向けていません。

注目したいのは、品質不良関連のリスクがまったく取り上げられていないことです。有価証券報告書の事業リスクからは、製品の品質に対する絶対的な自信が読み取れます。しかし、神

神戸製鋼所の事業リスク

事業リスク	リスク分類	要因
1．主要市場の経済状況等	市場リスク	外部
2．鋼材販売数量・価格の変動	市場リスク	外部
3．原材料等の価格変動等	市場リスク	外部
4．環境規制等の影響	戦略リスク	外部
5．事故、災害等による操業への影響	オペレーショナルリスク	内部・外部
6．訴訟等のリスク	戦略リスク	外部
7．財務リスク	市場リスク	外部
8．中期経営計画の実現	戦略リスク	内部・外部

（2017年3月期　有価証券報告書）

戸製鋼の「信頼」を揺るがした事件は、品質不適合とそれを隠す品質偽装でした。今となっては経営者の慢心と言われても仕方がありません。

品質偽装は内部不正のリスクで、これも取り上げられていません。品質偽装によって、神戸製鋼のブランド価値は大きく毀損しました。本書の第2部4章で述べるように、リスク管理の目的は企業価値、とくにブランド価値の維持向上です。神戸製鋼にとって品質不良や偽装は最重要リスクだったはずです。

これは経営の盲点だったのか、それとも落ち度なのでしょうか。

有価証券報告書の事業リスクを裏返して考えると、「従業員を信じ、品質に絶対の自信を持つ」経営陣の姿が浮かび上がります。経営理念で「信頼される技術、製品」を最重要視しているにもかかわらず、品質リスクを見落としているのです。

経営理念がリスク管理に反映されていないと、理念だけが宙に浮いてしまいます。同社の「約束」は空約束になっていました。取締役会が定めるべきリスク管理の方針に重大な落ち度があったといえます。これを放置していたのは監査委員会の問題でもあります。

キヤノンとの違い

本書の第2部第4章で説明しますが、キヤノンは事業リスクの1つに「ブランド価値を毀損する製品の品質不良」を取り上げています。神戸製鋼には立派な経営理念があったにもかかわらず、キヤノンのような自省の視点が欠けていたことになります。

ガバナンスとリスク管理体制

神戸製鋼の組織図をホームページから引用しました。この組織図は大枠しか書かれていないので、本部組織や各事業部門の中までわかりません。

組織図には書かれていませんが、同社の役員リストから監査部があることがわかりました。これが第3のディフェンスラインです。報道では、社内監査前の自主点検で改ざ

神戸製鋼所の組織図

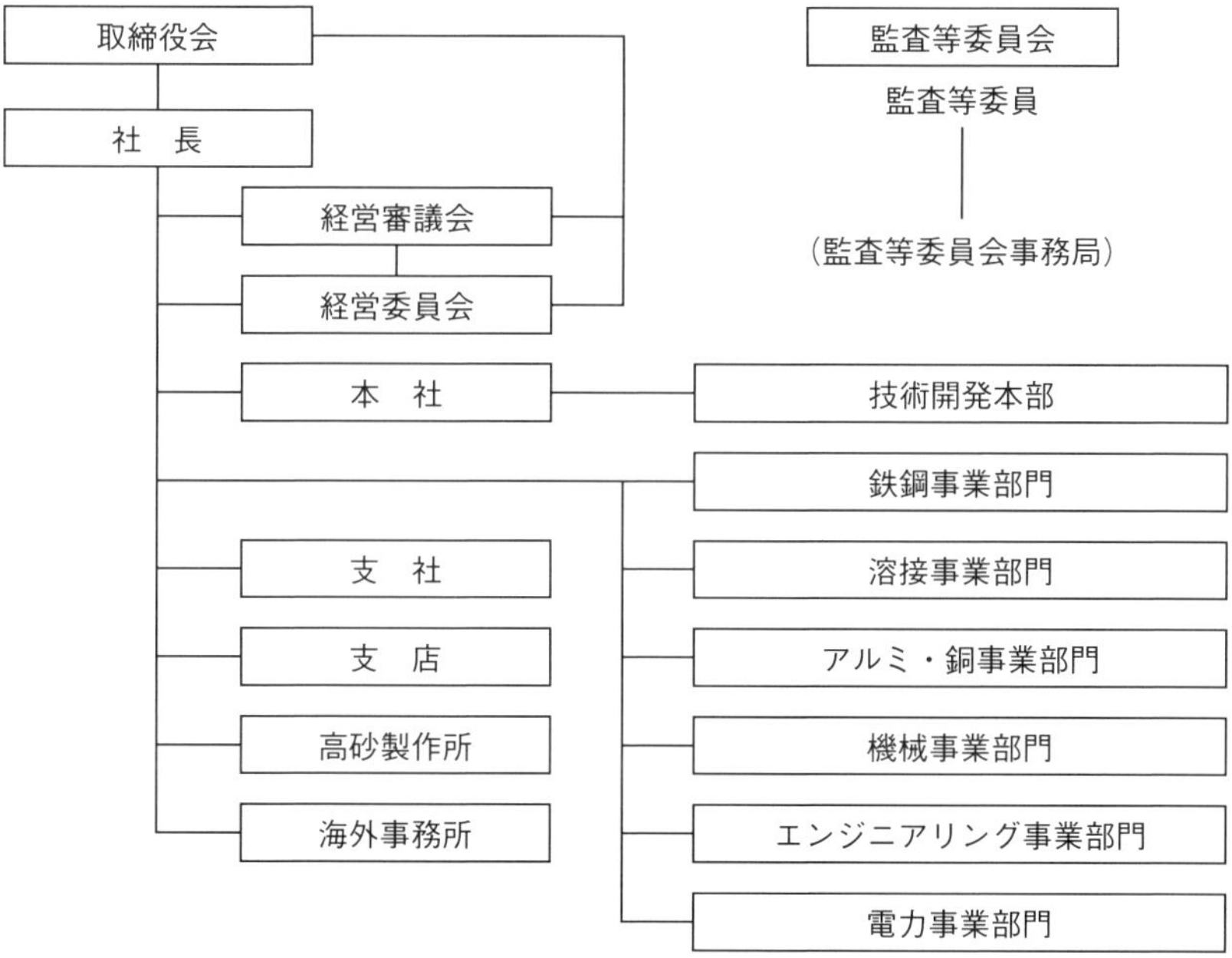

（同社ホームページから、2017年）

んが発覚しているので、第3のディフェンスラインが効いたといえます。逆に言うと何十年もの間、第3のディフェンスラインが機能していなかったことにもなります。

同社は2016年に監査等委員会設置会社に移行しており、この効果として2017年に改ざんが発覚したのかは興味が湧きます。調査報告書が公表されたら確認したいポイントの1つです。

【品質の問題について】

日本神話の曲がり角

労使が協力し合って高品質な製品を作り、生産性を追求し、ものづくりでは世界トップレベルといわれるまで発展してきたのが、これまでの日本企業の成功モデルでした。近年では新興国の追い上げが厳しく、オールドエコノミー企業は経営統合などで生き残りを図る消耗戦になっています。

この厳しい経営環境で、「従業員を信じ、品質に絶対の自信を持つ」という経営スタイルが今まで通りに続くとは期待できません。これは日本の品質神話を牽引してきた企業全般にいえるような気がします。

従業員と経営者が互いに監視しあって、健全に成長するモデルを新たに生み出すことが求められる時代になっているのです。

基準に達しない製品

本書執筆時点では調査報告書が出ていないので、品質偽装の詳細はわかりません。品質に関する具体的な事実として、JR東日本、JR東海、JR西日本の3社で新幹線に使われるアルミ製部品の強度に不足があったことが報道されました。強度がJIS基準に満たないものが不適切な割合で含まれていたのです。表はこれをまとめたもので、基準以下のものが数%混じっていたことになります。

「平均値としては基準以上なので、品質不正ではない」といった声も聞かれるので、品質の考え方をここで整理しておきます。

品質確保の考え方

ものづくりでは、強度や寸法などの品質にばらつ

JR3社の新幹線のアルミ部品の強度不足

JR東日本	新幹線の台車に使われている軸箱の過去10年分で、日本工業規格（JIS）基準に比べ、東北新幹線の「E5系」で強度が約0.4%下回り、腐食などに伴う部品割れの危険性が最大５%上回る。 軸箱の不適合品の比率は1.6%。
JR東海	過去5年分の東海道新幹線「N700A」台車の部品２種類で、310個がJIS基準を満たしていない。 過去10年分の調査で、東海道新幹線に使われるダンパーと車体をつなぐ部品などで、JR東海が求めていたJIS基準に比べ、強度が最大３%不足していた部品があった。強度不足の部品は数%である。
JR西日本	新幹線の台車などに使われている部品の強度はJISの基準を数%下回る。

（日本経済新聞　2017/10/12、10/13、10/20、10/21から作成）

きが生じます。そして横軸に品質、縦軸に生産された個数を表すと、多くのケースで下図のようなバラツキが現れます。このとき品質が許容範囲外のものが不適合品です。

寸法誤差の場合は両側の誤差（寸法の許容誤差範囲内か）で考えますが、強度の場合は片側の誤差（基準以上か）で考えればよいので、ここではグラフの左側のみが不適合です。

不適合品の発生は3つの方法で減らします。図の右下のグラフは、製造の精度を高めて品質のバラツキを少なくす

品質確保の方法

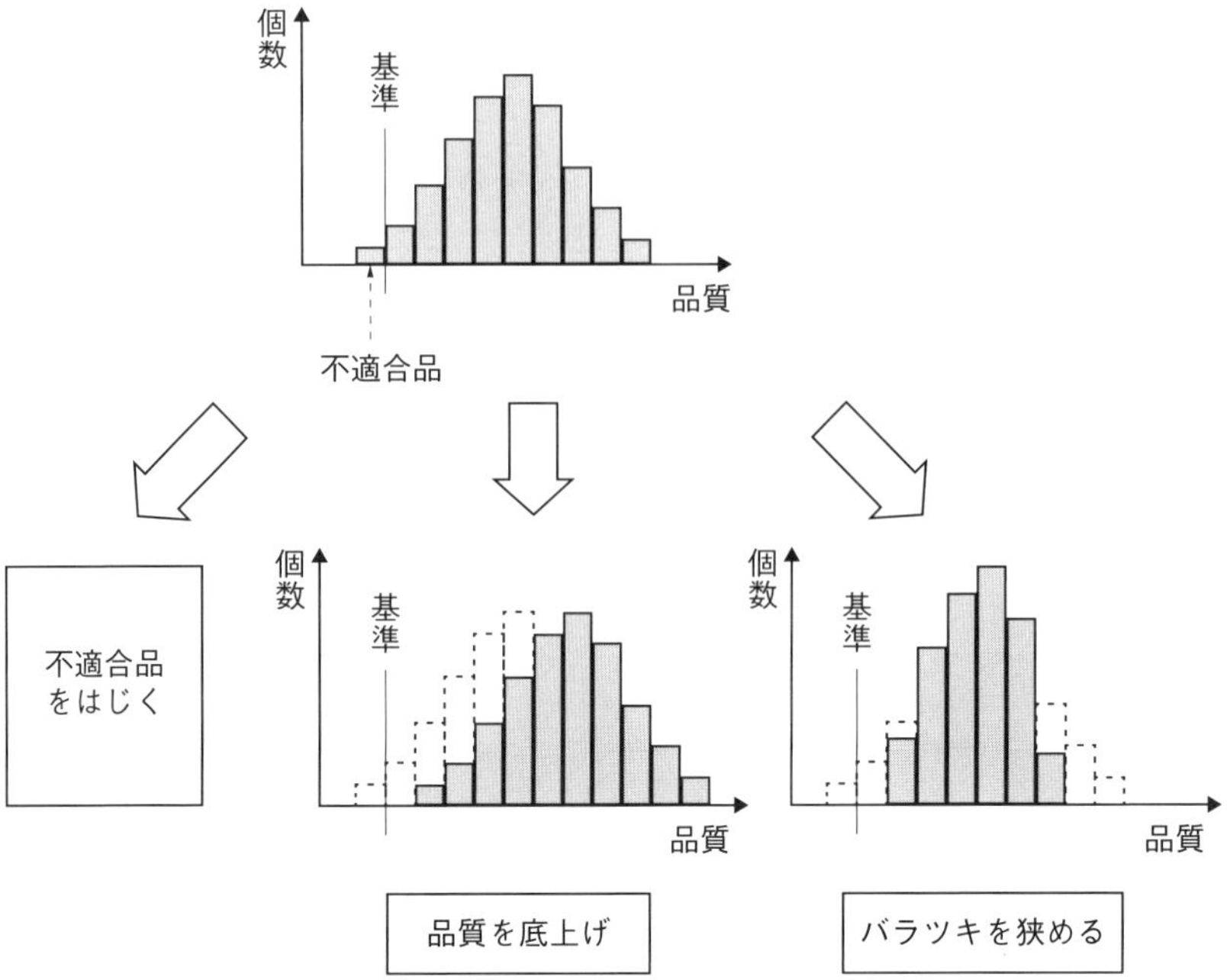

る方法を表しています。バラツキの幅を狭めることで基準以下のものができないようにするわけです。

または図の下部中央のグラフのように、品質の水準を全体的に底上げする方法もあります。この方法でも不適合品が出にくくなります。どちらにしてもコストが高くなるので、コストと効果のバランスの問題になります。

ほかには、検査部門で不適合品を検出してはじく方法があります。どの方法をとるかはコストパフォーマンスで決めることになり、これもリスクマネジメントの課題そのものです。

通常の品質管理では3σ《シグマ》法を使います。この方法では、不適合品（片側）の発生は0・14％以下に抑えられているはずです。これは不適合品が約700個に1個以下の割合なら、不適合品も認めようという考え方です。

JR東日本の新幹線用軸箱で不適合品が1・6％もあったのは約60個に1個の割合ですから、大幅な異常です。JR東海でも強度不足のものが数％あったとされているものがあり、これも異常な不適合率といえます。

したがって納品時の検収を通すために、検査の段階でこの不適合率を改ざんしていたと考えられます。

【原因と再発防止策】

神戸製鋼の社内調査によって「当社グループにおける不適切行為にかかわる原因究明と再発防止策に関する報告書」が２０１７年11月に公表されました。これは会社側の調査に基づく暫定的な調査で、取締役の関与についての調査はなく、不正に関する具体的な事実の説明もありません。前述のように同社のリスク認識には本件に関わる基本的な問題があります。それに関する取締役会や旧監査役会の責任が調査されていません。

これらの点を割り引いて考えることになりますが、報告書は、問題のあった部署は製造部署、品質管理部署、品質保証部署としています。

問題の３部署

３つのディフェンスラインの観点で問題部署をみると、製造部署は工場の操業を受け持っているので第1のディフェンスラインです。この段階で品質不適合のものができていたと考えられます。

報告書には製造と品質管理・品質保証部署との組織的な関係が説明されていないので、よくわかりませんが、品質管理部署は本来なら第２のディフェンスラインです。その品質管理部署で品質不適合を見逃していたと考えられます。

品質保証部署は製造・品質管理部署と独立に検査の正当性などを保証する組織です。執行部門におかれているので、これも第2のディフェンスラインになります。しかし事業部によっては、この2つの部署が同じ部内にあったとされており、2つの機能が独立になっていませんでした。

部署間のデータ共有が裏目に

報告書第7章の原因分析では、以下の5項目を原因としています。

①収益評価に偏った経営と閉鎖的な組織風土

②バランスを欠いた工場運営

(ア)生産・納期優先の風土

(イ)閉鎖的な組織（人の固定化）

③不適切行為を招く不十分な品質管理手続き

(ア)改ざん・ねつ造を可能とする検査プロセス

(イ)厳しすぎる社内規格

④契約に定められた仕様の遵守に対する意識の低下

(ア)品質に対する誤った自信に基づく仕様遵守意識の欠如

（イ）不適切行為の継続

⑤不十分な組織体制

（ア）監査機能の欠如

（イ）本社による品質ガバナンス機能の弱さ

①の収益評価偏重と②（ア）の生産・納期優先は、経営の圧力があったことを表しています。

②（イ）の人の固定化は、全社的な人事ローテーションができていなかったことから、製造部署と品質保証部間を行き来する者があり、人間関係が深くなって組織間の独立性が確保されず、牽制が効かなくなっていたとしています。事業部内だけの人事ローテーションでは不正リスクが高まることがわかります。

③（ア）では、品質検査部署で記入した検査値が製造部署や品質保証部署で書き換え可能だったとしています。これは第1と第2ディフェンスラインの独立性が保たれていなかったことになります。

東洋ゴムのケースでは各部署間でデータ共有されていないことが不正の起きやすい原因の1つでした。逆に、神戸製鋼ではデータを共有できるシステムによって改ざんが可能でした。部署間のデータ共有には閲覧や記入の権限、記入の記録保管などをセットで導入することが必要といえます。

③（イ）の「厳しすぎる社内規格」の項は錯誤を招きやすいので注意が必要です。なぜならこの事件では「問題の製品は厳しい社内規格を満たさなかったが、顧客規格は満たしていた」と勘違いしている人が少なくないからです。

報告書は「一部の工場では社内基準が厳しすぎるので、そもそも守れない規格として常態化し、改ざんが行われていた」としているだけで、顧客基準を満たしていたとは書かれていません。「顧客規格を満たしていた」かのように錯誤させやすい見出しは「信頼を約束」する企業としての誠実さに欠けます。作為的な見出しを立てているとみられないような注意深さが必要でした。

④の「遵守意識」はコンプライアンスの問題です。⑤の組織体制は監査と本社機能の弱さを表しているので、第3のディフェンスラインの不在を意味しています。

不十分な再発防止策

再発防止策は原因の5項目に対応した形で策定されています。これは会社側調査に基づく再発防止策なので暫定版の位置づけですが、少しでも早く信頼を回復するためのアクションを起こしたいということなのでしょう。

報告書では品質管理についての再発防止策を「アルミ・銅事業部門の直轄の部として品質保証部をおき、品質に関する監査を行う」としています。みなさんはこれがリスクマネジメントのセオリーから外れていることがわかるでしょうか。

この改善策からは、品質管理部と品質保証部が同じ事業部門の中にあると想像できます。品質管理部は事業部と同じリスクをとることになるので、製造部門と独立な立場での検査ができません。つまり第2のディフェンスラインが存在していないのです。

品質保証部による監査は第3のディフェンスラインの機能になりますが、それも同じ事業部門にあっては監視が効きません。監査は執行部門から独立した組織であることがセオリーです。

つまり、この改善策では第2、第3のディフェンスラインと事業部との独立性がないため、有効とはいえません。たとえば事業部長主導での組織的な品質不正があったときに、それを防止できないからです。

神戸製鋼では不正が数十年も続いていたので、過去の不正の関係者が現在の事業部長や役員クラスに昇格していることは十分あり得ます。また東洋ゴム事件のように事業部長クラスのコンプライアンス意識が低い場合もあります。このようなとき、事業部内での品質不正に対して品質管理部や品質保証部の監視が効きません。

全体的なガバナンスの問題としては、リスク認識を経営理念との関係で再定義することと、リスクマネジメントの観点で監視能力のある監査委員を加えることが必要かと考えます。これは前述の改善策の甘さからもいえることです。

「不正」か、「不適切」か

神戸製鋼のホームページのトップには「今回の不適切行為に関するお詫び」が掲載されています（２０１７年12月時点）。しかし同社は本件で法令違反を起こしているので、多くのメディアは不正という表現を使っています。

神戸製鋼に限らず、不正を起こした側は「不正」ではなく「不適切」とするケースが多くみられます。当事者が「不適切」と言い張る限り、改善が進むとは期待できません。現実に改善策が甘く、この状態での出直しは難しいという印象を免れません。

●参考資料

日本経済新聞：2017/10/9, 2017/10/12, 2017/10/13, 2017/10/14, 2017/10/17, 2017/10/20. 2017/10/21, 2017/10/27
神戸製鋼所：当社グループにおける不適切行為に係る原因究明と再発防止策に関する報告書、２０１７年11月10日
神戸製鋼所：有価証券報告書 ２０１７年３月期

4　ＪＸＴＧエネルギー水島製油所の虚偽検査記録

工場検査での問題

【事件の概要】

２０１２年7月、ＪＸ日鉱日石エネルギー（現在のＪＸＴＧエネルギー）は、うその保安検査記録を県に出していたことが発覚しました。この概要を朝日新聞の記事をもとに説明します。

虚偽報告と事故が続いた

問題があったのは同社の水島製油所（岡山県倉敷市）です。同製油所にはＡ工場とＢ工場があり、同年2月には、２つの工場をつなぐ海底トンネル工事で事故があったばかりです。トンネル事故は工事の施工会社の問題ですが、５人もの犠牲者が出た傷ましい事故でした。

また前年の２０１１年には同製油所で40年間もばいじんを測定せず、虚偽記録を残していたことも発覚しています。このようなときにタンクの虚偽記録が発覚したことから、市の幹部は「虚偽報告や事故が相次ぎ、市民に説明できない」と、ＪＸへの不信を強めてしまいました。

同製油所のＢ工場では約10年間、ＬＰガスタンク18基でうその保安検査記録を県に届けていたのです。タンクに使われている鉄板は腐食によって徐々に薄くなっていきます。その厚さが基準値以下になると、県に届け出て補修工事をしなければなりません。

しかし同製油所では無届けで工事をしたり、鉄板の厚さが基準値以下に薄くなっている箇所を少なく記録したりしていたのです。無届けで補修すれば、工事後の耐圧検査をやらなくても済むからです。また2基のタンクでは、鉄板が基準値以下に薄くなっていた箇所を見落としていました。

その後の県の調べでは、うその測定データや補修記録などの違反が16件あり、配管の取替工事が無許可で12件行われていました。県は保安管理の規程を守るよう命令し、命令書の中で「重大かつ悪質な行為」と指摘しています。

合理化という課題

ある石油会社の元経営者Ｃ氏から、「製油所では配管やタンクの腐食による燃料漏れのリスクがある。火災・爆発事故につながる重要なリスクだ」と聞いたことがあります。しかし実際の現場では「合理化などで点検要員が減っているので、効率的な点検保守が最重要課題」とのことでした。経営環境の厳しい業界であることは確かなようです。

水島製油所にはＡ工場とＢ工場があります。Ａ工場は旧新日本石油精製（旧新日本石油の子会社）の工場で、Ｂ工場は旧ジャパンエナジーの工場でした。

２０１０年に新日本石油はジャパンエナジーを吸収合併し、ＪＸ日鉱日石エネルギーになりました。この合併によって両社の水島製油所はそれぞれＡ工場、Ｂ工場と名付けられました。Ａ工場は新日石系、Ｂ工場はジャパンエナジー系の製油工場ということです。報道されたのはＢ工場ですから、旧ジャパンエナジーの水島製油所で不正が続いていたことになります。

JXTGホールディングスと水島製油所

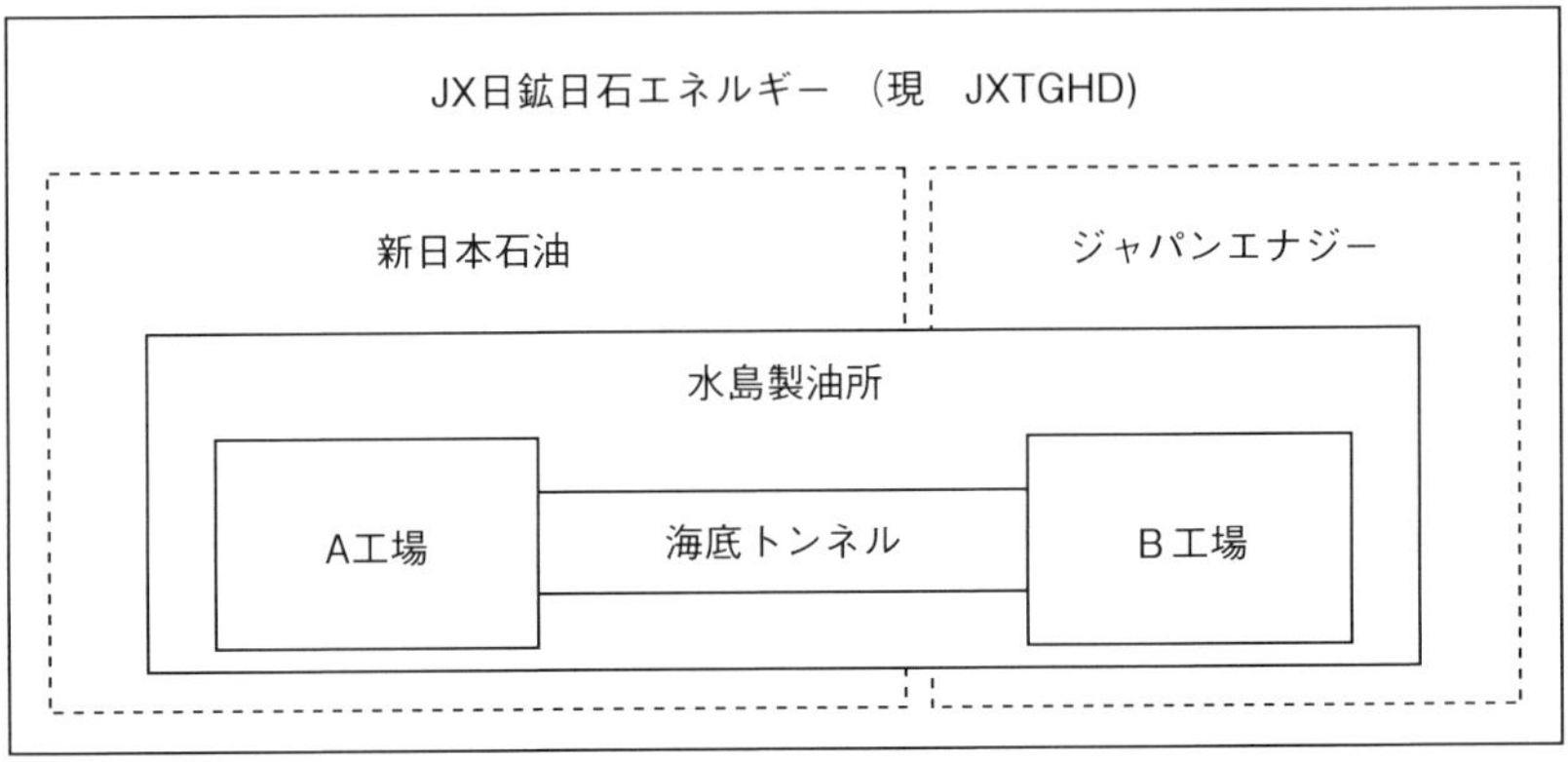

その後の調査では、A工場でも無届けの工事が発覚しています。

その後、統合によっても会社の名前が年代とともに変わっていて、水島製油所は現在のJXTGエネルギーの事業所です。以下では社名をJXTGエネルギーで表すことにします。

【県あて報告書の怪】

JXTGエネルギーでは社内調査と弁護士調査委員会による調査を行い、再発防止策を提言しています。これらの調査報告書は公表されていませんが、同社からは「岡山県に対する報告書　不正又は基準不適合にかかる発生原因の究明と再発防止策」が公表されています（次ページ参照）。

この報告書は同社ホームページで入手できますが、いくつか気になるところがあります。宛先、日付、執筆者（会社名）が記載されていないからです。この資料だけでは、いつ誰が誰に向けて書いたのかがわかりません。そして、報告書は「弊社は……」で始まりますが、弊社がどこを指すのかもわかりません。

報告書の第1章では、冒頭に「B工場 NO・210 タンクにおいて」と書かれています。これは仮名としての「B工場」なのか、仮に実名ならどこの「B工場」かがわかりません。

文中には「水島製油所」が数回出てきますが、水島製油所のA、B工場という明確な表現は見当たりません。

報告書全体で、「社長」という文字が2回、「所長」が4回使われています。これもどの組織の長なのかが記されていません。

この報告書は、資料として自己完結していないため、どの会社の資料かがわからないようになっています。当然のこととして、この報告書は社名や工場名で検索しても簡単には見つかりません。

この資料だけでは誰が誰に報告したのかがわからないので、別に

県あての報告書

不正又は基準不適合にかかる発生原因の究明と再発防止策

はじめに

弊社は、本事案の重大性に鑑み、より公平・中立かつ厳正に事実関係、動機・原因・背景事情等を究明するとともに、今後に向けて再発防止策を講じるべく、会社から独立した複数の弁護士により構成される調査委員会(以下「弁護士調査委員会」という)を設置いたしました。以下に記載する原因究明および再発防止策につきましては、弁護士調査委員会の調査・分析結果および提言を反映したものであります。

弁護士調査委員会は、弊社が内部調査により問題行為を発見した後、ただちに実施した社内調査結果のレビューや、問題行為に関与した可能性のある者(現職社員および OB)に対する事情聴取を行いました。なお、弁護士調査委員会からは、不正にかかる事実関係の社内調査結果は、弁護士調査委員会が実施した事情聴取により得た心証に概ね合致しており、相当程度信用することができるとの評価を頂戴しております。

1．高圧ガス保安法違反発覚に至る経緯と違反内容

（1）球形タンク関係の不正

2012 年 6 月開放点検中のＢ工場 NO. 210 タンクにおいて、常用圧力ベースの必要肉厚(以下、常用圧 MAT)を下回る部位が確認され、設計圧力の変更を計画し、変更許可申請を行ったところ、常用圧 MAT を下回った経緯に対して岡山県から説明を求められ、社内で更に踏み込んだ調査を行いました。その調査の過程で、

(JXTGHDのホームページから一部抜粋)

本文かカバーレターがあり、そこに日付、発信者、宛先などが書いてあったはずです。資料の正確性を示すためには、本文と報告書を一体にした形で公開すべきでしょう。そうなっていないため、「この報告書は県に報告したものと同じものか？　あるいはすべてなのか？」という疑問が残ります。

不透明な社風

弁護士調査委員会の報告書も同社ホームページには公表されていません。したがって「県への報告書は弁護士調査委員会の報告を正確に反映しているのか？」という疑問も拭えません。また、弁護士調査委員会の名簿が公表されていないことも不透明さを増します。なぜなら弁護士調査委員会と同社との独立性を確認することができないからです。

本書の第1部で扱っている他の企業事件の情報公開に比べると、ＪＸＴＧエネルギーの透明性や説明力は明らかに劣り、同社の経営体質が気になります。地元などのステークホルダー軽視で、県に対して説明責任を果たしておけばよいという経営スタイルが見え隠れしています。この不信感は報告書を読むことで払拭できるのでしょうか。

【発覚の経緯と違反内容】

県あて報告書によると、発覚の経緯は２０１２年６月に、同製油所からＢ工場のタンクの設計圧力の変更のために県に許可申請を行ったのがきっかけです。このときに県から詳しい説明を求められ、そのための社内調査で不正が発覚しました。

県が説明を求めなければ不正はみつからず、そのまま操業が何年も続いた可能性があります。同社全体のコンプライアンス意識やリスクマネジメント体制に問題があったことがわかります。その後の調査によって、さらに多くの不正が発覚しました。不正は大別して、「球形タンク関係の不正」と「管理不足・法令解釈の誤り」の２つに分類できます。前述のように県あて報告書には不可解な点がいくつもありますが、ここではその報告書に基づいて整理します。

球形タンク関係の不正

Ａ、Ｂ両工場のすべての球形タンク社内調査によって、Ｂ工場の18基に次の不正がありました。

① 自主検査の虚偽報告　16件
② 技術上の基準不適合　16件

③　検査データの修正と補修範囲の虚偽　7件

これらは、無届けで補修工事を行い、耐圧試験をしなかったことによるものです。この不正には設備保全部門の一部管理職が関わっていました。

管理不足・法令解釈の誤り

A、B両工場の高圧ガス全施設について、検査記録などの総点検を行い、以下の不備がありました。

④　届出の不備　34件

⑤　技術上の基準不適合　19件

④は無許可で工事したこと、⑤は必要な耐圧試験をしなかったことによるものです。これらの不備は意図的とは言えず、管理不足・法令解釈の誤りによるものとしています。

合理化と技術開発

前出の元経営者C氏は、「検査記録をデータベース化して、高度なデータ分析方法を開発し、検査効率を高めていきたい」とも言っていました。合理化のための技術開発は重要な経営課題です。しかし検査データが改ざんされている工場では、データベースそのものが信用できないので、いくら高度な分析方法を使っても意味がありません。データの正確性をどのように確保し、説明力のあるものにできるかが課題です。

【原因と再発防止策】

不正の背景には石油産業の競争激化があり、同社では合理化、効率化を進めていました。水島製油所では、常にフル稼働を期待され、検査や工事によって操業を止めるロスを少なくしたかったのです。そのため、無届けで工事をしたり鉄板の肉厚を実際より厚く報告したりしていました。

球形タンク関係の不正

球形タンク関係の不正について、報告書では以下の4項目を原因としています。

① 経営の強い危機感やフル稼働のプレッシャーで、遵法意識が希薄

ここで経営の圧力があったことを認めていますが、最終的には現場のコンプライアンス意識の問題としています。

② 設備管理部門の職制の責任と権限が曖昧

主任技師に一部の権限があり、課長を迂回して意思決定が行われていたため、組織内の上下間の牽制が効いていなかったのです。

③　職場間のチェック機能が働かなかった

これは各部署間の独立性がなかったことを表しています。具体的には設備管理部門が検査と補修の両方を担っていたため、組織間の牽制が効いていなかったとしています。

④　遵法に対する管理体制が不十分

これは内部通報制度などの体制と関係があるかもしれません。

下図はこの関係を表したものです。

管理不足・法令解釈の誤り

この問題の主な原因は以下の3点です。

①　担当者の法令に対する理解が不十分

②　手順書類が整備されていない

③　各組織のチェック機能が十分に働いていない

これらについてはコンプライアンス教育の徹

水島製油所の設備管理体制

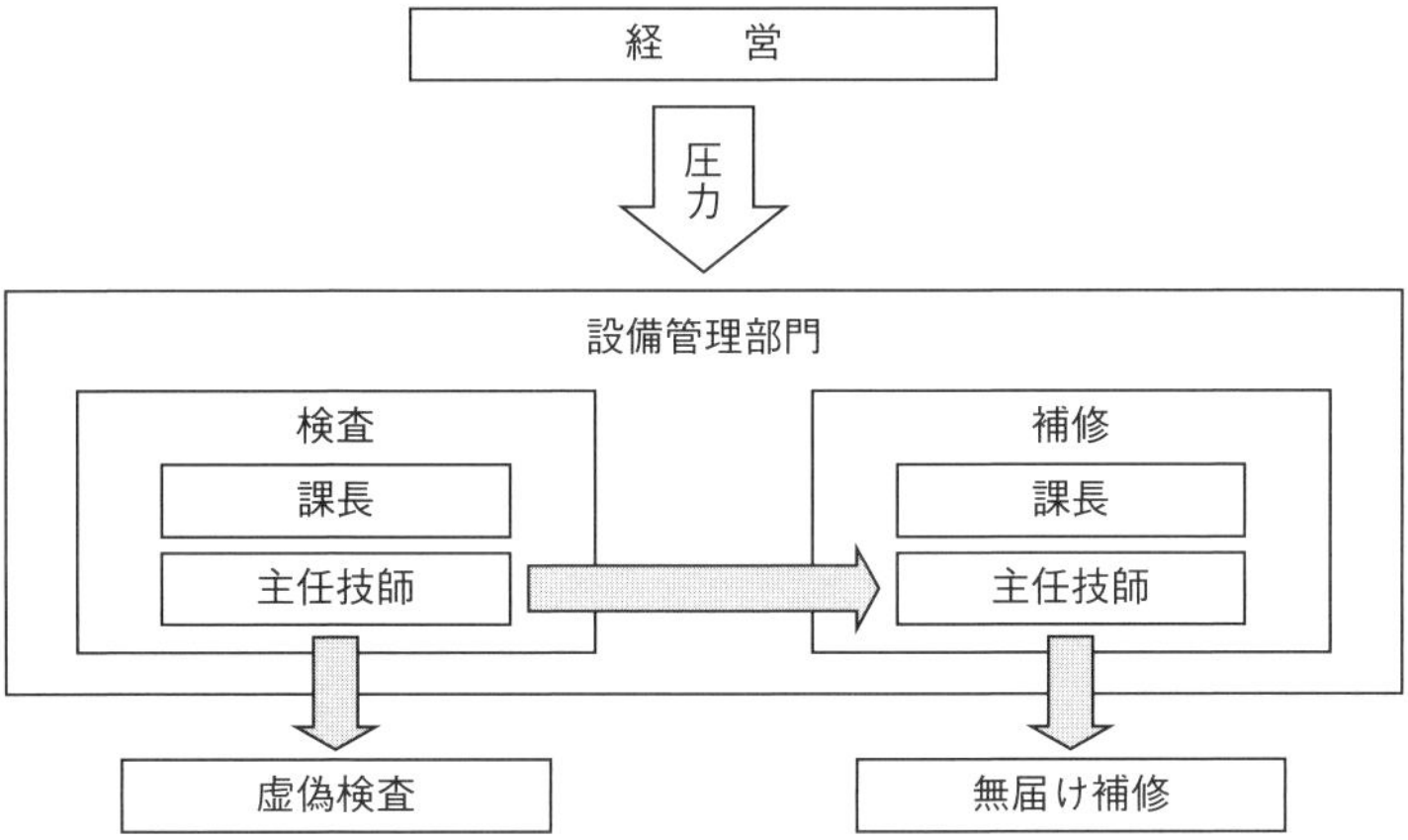

底と、作業マニュアルの整備などの改善策を立てています。

共通の再発防止策

前述の不正と誤りに対して、共通の再発防止策が示されています。まず製油所にあった監査部門を本社直属にし、独立性を確保するとしています。また監査時には他工場の類似業務を行っている人を参加させ、監視機能を高めるとしています。これによって第3のディフェンスラインがしっかりすることが期待できます。

同社では検査部門を分離独立させ、グループマネージャーに権限を集約させるなどの具体的な改善策を立てています。設備管理部門は稼働率向上の責任を担っていたため、収益部門と同じリスクをとっています。したがって虚偽検査は第1のディフェンスラインで起きていたことになります。本来なら検査部門は収益部門と独立な組織であるべきで、そうなっていなかったことは第2のディフェンスラインが不在だったことになります。検査部門が設備管理部門から独立した組織になれば、第2のディフェンスラインができることになります。

担当者が長期間固定されていた問題に対しては、人事ローテーションを確保するとしています。これは第1のディフェンスラインを強化することになります。

内部通報制度の改善

内部通報窓口はすでにあったとのことですが、その窓口は本社総務部長と弁護士でした。水島製油所では工場内に通報窓口を設置し、より身近なものにするとしています。

しかし、通報窓口が職場の近くにあることに、どれだけの効果が期待できるのでしょうか。むしろ現場と窓口との癒着が生まれやすくなります。それに今どきはメールや電話で通報するでしょうから、近くにあるメリットはありません。外部監査役を通報窓口にするほうがはるかに効果的ではないでしょうか。

再発防止策の気になるところ

同社ではほかにも改善策がいくつか設けられ、それに取り組んでいますが、基本的な何かが足りない気がします。

本件の問題の最大の要因は、「厳しい競争の下で、工場の操業率を下げるわけにはいかない」という経営課題でした。提言されている再発防止策は不正をなくすために、現場の仕事を複雑にするものばかりです。研修が増えれば、労働時間の制約が増えます。適切な届けを行えば工事や検査が増えるので、操業率の低下は免れません。作業効率や操業率の低下をカバーするために必要な検査技術の高度化や生産性向上についての戦略が描かれていません。

工場全体として生産効率が下がる中、現場の努力で生産性を今まで通り確保しなければならないのなら、これは経営による圧力の強化につながるだけです。前述のように情報開示に不透明感があるだけでなく、再発防止策も現場任せの印象が免れません。

また報告書では監査役機能についての調査が行われていません。これは現場任せの再発防止策の裏返しでもあります。

●参考資料

朝日新聞:2011/3/1, 2012/2/8, 2012/7/14, 2012/9/12, 2012/12/29, 2017/6/17, 2017/6/23
ＪＸＴＧエネルギー：水島製油所における高圧ガス保安法上の不備に関する報告書の提出について、２０１２年８月20日
ＪＸＴＧエネルギー：岡山県への報告書（不正又は基準不適合にかかる発生原因の究明と再発防止策）、日付不明
ＪＸＴＧホールディングスのホームページ

5 三菱自動車の燃費不正

性能評価での不正

【事件の概要】

２０１６年４月、三菱自動車は軽自動車の燃費計測で不正を行っていたことを発表しました。同社は２０００年と２００４年のリコール隠し事件で批判を浴び、経営難に陥ったことがあります。その事件がまだ記憶に残っている中での不正再発だったこともあり、企業体質に強い不信感が持たれてしまいました。

その結果、販売が激減し、事件発覚の半年後には日産自動車の子会社になってしまいました。これは企業不正に対する消費者の目がますます厳しくなっていることを示しています。概要を日本経済新聞の記事に基づいてまとめます。

燃費不正の発表は２０１６年４月20日です。不正があったのは、「ｅＫワゴン」や日産自動車に供給している「デイズ」など４車種の軽自動車で、62万５０００台が対象です。実際の燃費は届出の数値より5〜10％悪くなるとのことで、同日から国土交通省による立ち入り検査が始まりました。

今回の不正は提携先の日産が燃費を測定し、国へ届けた数値と違うことから発覚しています。納入先の検査で発覚したため、自浄能力のない企業体質も問われることになりました。

燃費試験は車体を屋内の測定器（シャーシダイナモ）の上に乗せ、エンジンをかけて車輪を回転させて測ります。このとき実際の走行条件に近づけるため、タイヤの転がり抵抗や空気抵抗に応じた負荷をかけます。この負荷の数値が燃費計測に有利なように改ざんされていたのでした。

「ｅＫワゴン」は三菱自動車の国内販売約10万台の6割を占める主力車で、同社の経営に重大な影響を与えることになります。同社の説明によると、問題車両は発売前の2年間で5回も燃費目標が引き上げられていました。この決定には社長ら幹部が関わっており、競合他社との燃費競争によるものです。また4車種以外でも国内で定められた手順と違う社内試験が行われていました。データ改ざんは1991年から約25年間行われていたのです。

その結果、事件発覚時の2016年4月には、同社の軽自動車販売は前年同月比で約45％減、供給先の日産では約51％減に落ち込みました。岡山県の生産ラインは稼働のメドが立たず、地域経済や雇用での不安を招き、関連部品メーカーも経営悪化に陥ってしまいました。

5月の同社説明によると、国の定める方法で燃費を測ったら燃費の差は5〜15%あることがわかり、当初説明していた5〜10%の差より悪いことになり、この点でも批判されました。

続いて8月には、「2005年当時の新入社員が燃費測定方法についての問題を指摘していたことを放置していた」ことが発覚し、同社の体質がさらに問われることになりました。

さらに同月に、パジェロなど8車種でも燃費性能がカタログ値以下だったことも発覚しました。

【コンプライアンス頼みの限界】

三菱自動車では2000年に乗用車とトラックで69万台のリコール隠しが問題となりました。2004年にも74万台のリコール隠しがありました。これによって2002年に2件の死亡事故が起きています。

リコール隠し事件のあと、同社の企業倫理委員会が答申書を出しました。答申では同社再生のための提言が行われていますが、そのポイントはコンプライアンスの徹底でした。答申書の第3章の提言は「コンプライアンス第一」から始まり、この章だけで「コンプライアンス」が27回も使われているのです。

答申書全体で「コンプライアンス」の文字は100回も現れますが、「内部統制」は全体で

9回、「リスク管理（マネジメント）」はわずか1回使われているだけです。

この数字からわかるように、リスクマネジメントや内部統制の観点での議論がほとんど行われず、コンプライアンス頼みの精神論的な内容で終わっている感があります。答申の報告者は企業倫理委員会なのでコンプライアンス頼みになったのかもしれません。そうであれば、倫理委員会という組織体がこの問題を調査するのが適切であったのかが気になります。

だからというわけではありませんが、燃費不正はリコール隠し事件より以前から25年も続いて行われており、取引先の検査でようやく発覚したという次第です。不正を続けている部署にしてみれば、コンプライアンス強化などの精神論はまったく恐れるものではありません。燃費不正事件は、コンプラ頼みの無力さを証明する事例になってしまいました。

損なわれた企業価値

この事件は、不正によって企業価値が損なわれた典型的な事例です。販売台数の激減は顧客にとっての企業価値が下がったことを示しています。そして取引先や従業員、地域経済からの期待に応えられていません。株価は事件の前後で半減しており、株主にとっての企業価値も激減です。

リスクマネジメントは5つのステークホルダーにとっての企業価値を高めることが目的ですが（第2部第4章参照）、この不正事件はリスクマネジメントの目的と正反対の結果を引き起こしたことになります。

【問題に関わった組織と3つのディフェンスライン】

以下では、「燃費不正問題に関する調査報告書」に基づいて、事件の概要と原因などを関係した部署ごとに整理していきます。

性能実験部

三菱自動車での燃費計測に関する部署は、組織名や所属本部が変更されてきていますが、最終的には図のような組織でした。燃費計測は技術開発本部の性能実験部で行われていました。

燃費に影響するのはエンジンだけでなく、車体やデザイン、トランスミッションなどの駆動系も関わってきます。性能実験部では、各部で試作されたコンポーネントや、外部から納入された製品を組み合わせて試験車両を作り、燃費計測を行います。そしてエンジン制御コンピュータなどの調整で最適化する業務（適合）も性能実験部が行います。

各コンポーネント単位での改善効果が、全体としてどれだけ燃費改善につながるのかが見通しにくいところが、燃費計測の難しさです。それに、燃費はそれぞれのコンポーネントの性能が最も重要なファクターになるので、適合という最終的な調整作業だけで目標燃費を達成することには限界があります。

　ところが、燃費改善の責任は性能実験部に集中し、この部に重い負担がかかっていました。その結果、燃費の不適切な計測によって、目標燃費を達成したかのようにみせかけていたのです。

認証試験グループ

　量産可能になった状態のクルマで検査を行い、国交省から型式指定をもらうと販売が可能になります。この型式指定審査は認証試験グループの業務です。

　同グループは型式指定審査に先立ち、試験車が性能実験部の計測と同じ走行性能を出すかをチェックする役割も担っていました。同グループの本来の役割は法規制の砦として、性能実験部を監視することといえます。

三菱自動車の燃費計測と体制

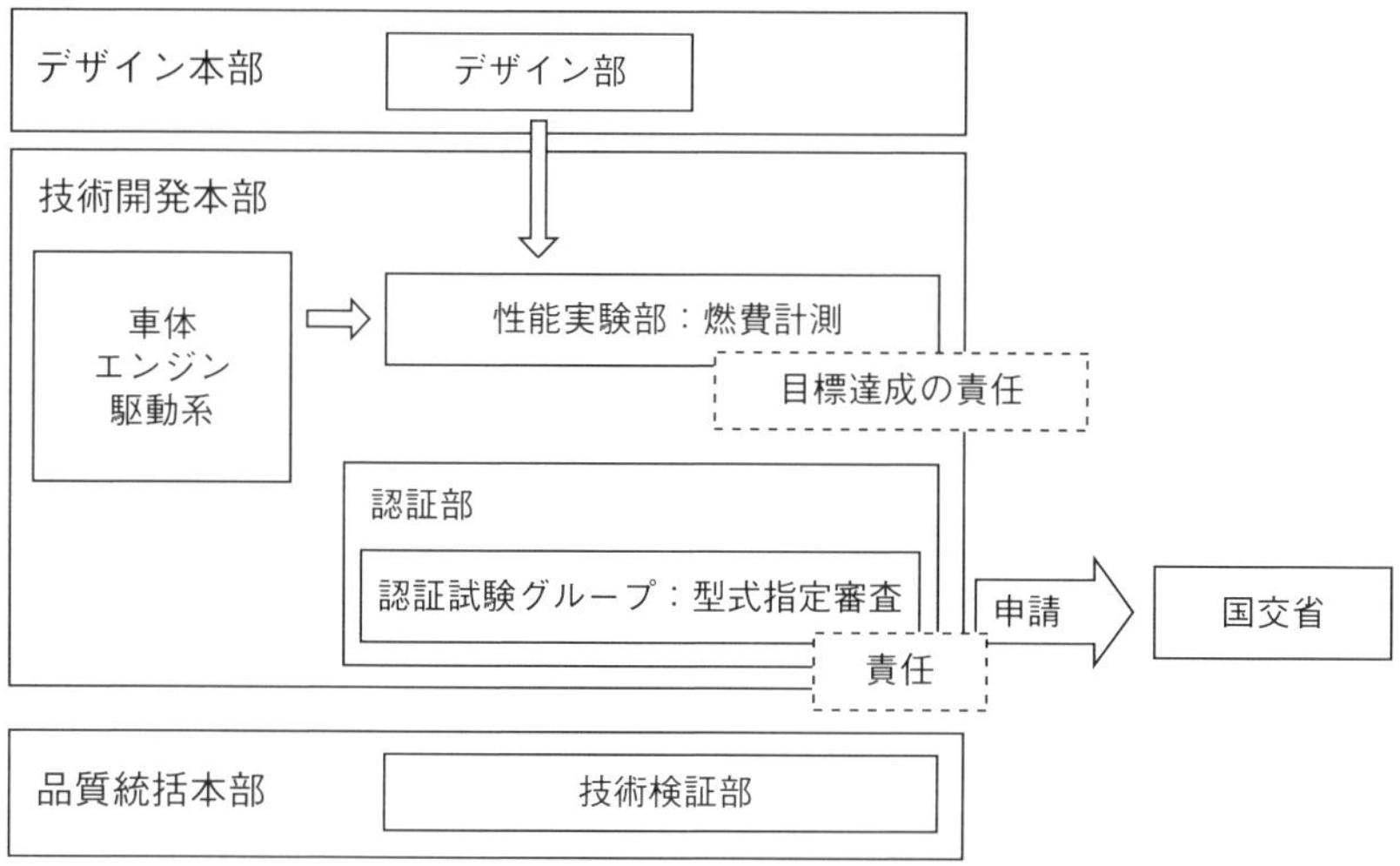

認証試験グループは性能チェックの意味で第1のディフェンスラインです。この組織は技術開発本部の中にあるため、技術開発本部と同じリスクをとっているからです。

技術検証部

品質統括本部の技術検証部では、開発の進捗や目標性能の達成度合いをチェックしています。チェックの方法は開発部署からの報告や書類を受ける形式です。この部が自ら実験をするようなことはありません。技術検証部は技術開発本部と独立の品質統括本部にあるので、第2のディフェンスラインです。

業務監査部と品質監査部

同社には監査本部があり、その中に業務監査部と品質監査部があります。業務監査部は通常の社内監査部の機能で、品質監査部は開発や品質などに関する内部監査を行います。品質監査部は日常監査と個別案件監査を行っていました。日常監査は会議体監査で、燃費不正のように組織的な不正を見抜くことは困難です。また個別案件監査はある部署で問題が起きた場合に、それを他部署に水平展開する監査です。当然のこととして、燃費不正のように隠され続けていた問題は監査の対象外です。

品質監査部は第3のディフェンスラインですが、燃費不正のような案件には機能していなかったことになります。

牽制機能がなかったディフェンスライン

性能実験部は性能に責任を持たされているため、第1のディフェンスラインに属すると考えられます。つまり、第1のディフェンスラインで不正が起きていたことになります。

目標性能に達していなければ、認証試験グループでの試験でわかるはずです。そうならずに型式指定の申請をしていたということは、もう1つの第1のディフェンスラインも機能していなかったことになります。

同グループの業務は、過去には性能実験部が担当しており、その後認証部の業務に移管されて認証試験グループの業務になりました。しかし、開発本部の下部組織であることは変わっていないので、性能実験部と認証試験グループとの独立性が確保できていません。

技術検証部は書類チェックをしているだけなので、技術開発本部からみれば不正がばれる心配はありません。第2のディフェンスラインが形式だけだったことに加え、牽制機能もなかったことになります。

品質監査部も同様です。同部の監査スタイルを知っていれば、技術開発本部にとってまったく恐れることのない組織です。第3のディフェンスラインも技術検証部と同様に牽制機能さえなかったことになります。

検査部署はどこにあるべき？

このように整理してみると、おかしな組織構造の会社だということに気づきます。本来なら検査部署は製造部署と独立な組織にあって、第2のディフェンスラインであるべきです。三菱自動車では検査部署が第1のディフェンスラインの役割をしているところが問題なのです。そして第2のディフェンスラインの役割の技術検証部が独自に検査をしているかというと、書類審査をしているだけです。

検査の効率性を考えると性能実験部が開発本部にあるのはやむを得ないとしても、認証試験グループは開発・製造部署から切り離すなどして、実際に検査をする部署を1つでも第2ディフェンスラインにおくべきかと思います。

法令で定められた燃費計測の方法を使わなかった

ここで燃費計測の方法と三菱自動車の不正をかいつまんで説明しましょう。

燃費計測はクルマをシャーシダイナモに乗せ、その上でエンジンをかけてタイヤを回転させて行います。このとき、クルマの走行抵抗分の負荷をかけて、実地走行の状態を再現させます。

走行抵抗は転がり抵抗と空力抵抗からなります。転がり抵抗はタイヤやブレーキなどによる抵抗のことで、空力抵抗は車体の形状などから決まります。この走行抵抗は試験自動車を実際に走らせて測ります。

走行抵抗は「惰行法」で測ることが法令で決められています。しかし、三菱自動車では「高速惰行法」を使っていたことが法令違反となりました。

惰行法は、たとえば時速95km／hで走り、ギヤをニュートラルにして時速85km／hになるまでの惰行時間を測ります。そして速度を10km／hずつ変えて惰行時間を測り、これらの惰行時間を平均化して走行抵抗を計算します。

高速惰行法は米国で行われている測定法で、時速１５０km／hから惰行を始め、速度が10km／h落ちるごとの惰行時間を測り、これらの数値から走行抵抗を測ります。高速惰行法は1回の惰行で数多くのデータが取れるので、効率的

燃費計測の方法と不正

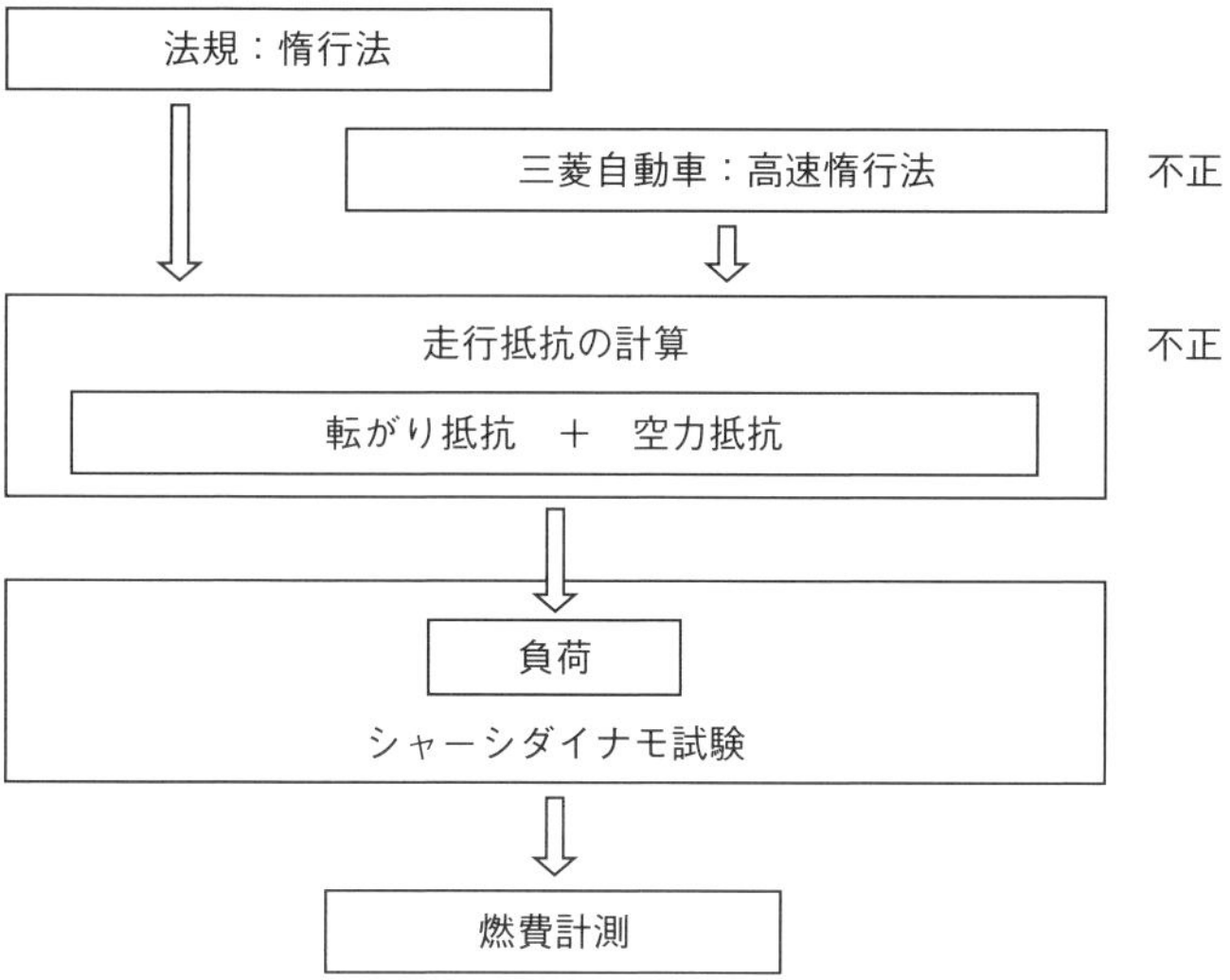

といえます。また、試験結果は風向きや風速などよって影響されますが、高速走行のときは風の影響が相対的に小さくなるので、計測が安定しやすいとも言われています。

安定した結果が取れないと何回もやり直すため惰行法は煩雑で、高速惰行法を使いたいという動機が生まれます。同社では高速惰行法を遅くとも１９９１年12月ごろから使っていました。

正しく測定したかのような記録に換算する逆算プログラムを開発

性能実験部では、高速惰行法で求めた走行抵抗の測定値から、惰行法で測定したかのような記録に換算するプログラムを開発しました。この逆算プログラムは開発本部内のＣＡＴ（Computer Aided Testing）グループが開発し

走行抵抗の測定

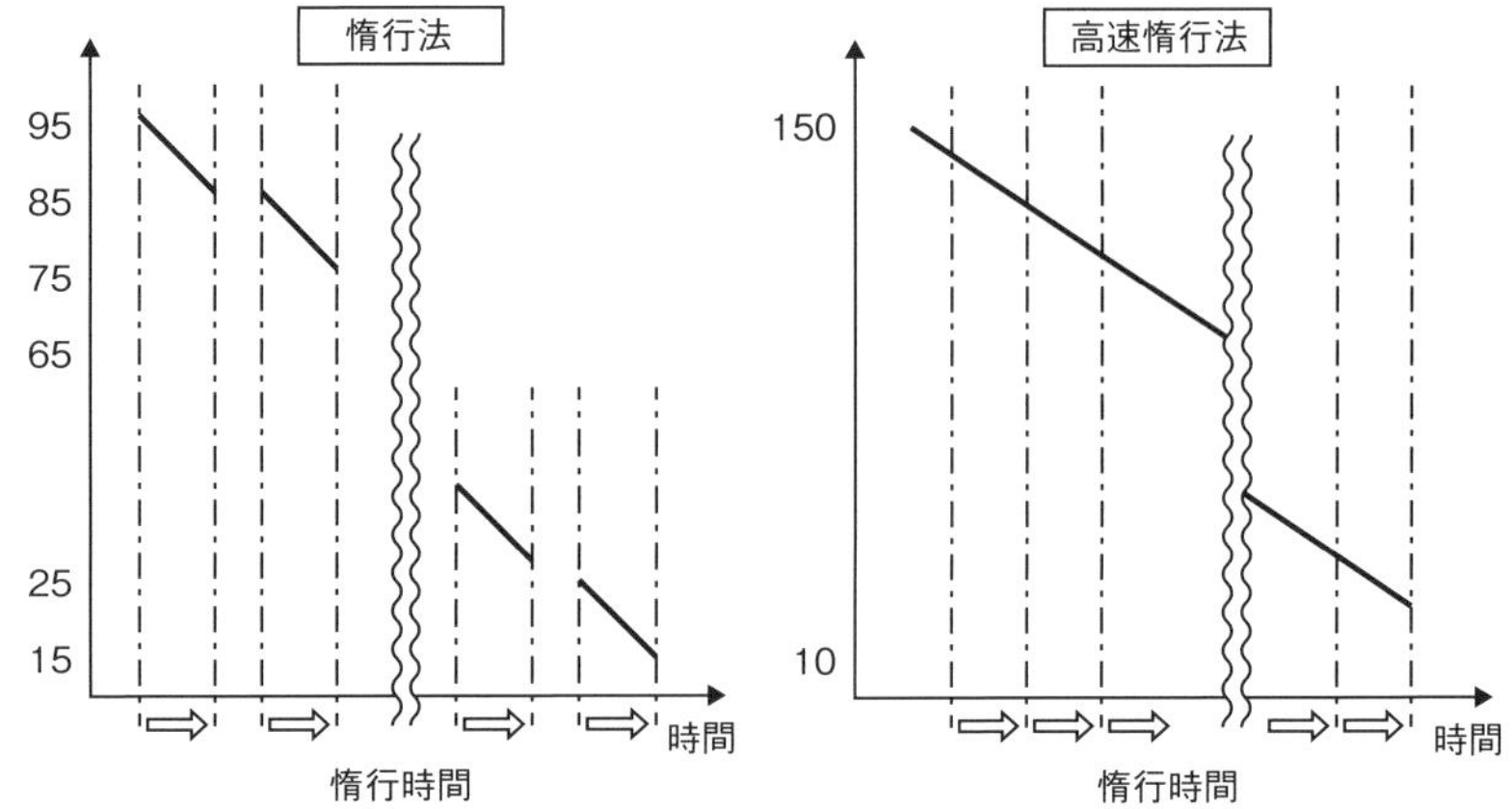

ています。ＣＡＴグループと性能実験部は同じ開発本部内の組織なので、本部長は逆算プログラムの開発をＣＡＴグループに指示できます。

性能実験部では高速惰行法と逆算プログラムを組み合わせ、惰行法で試験したかのような走行抵抗試験記録を残していました。

【不正の内容と社内からの指摘】

燃費不正は25年間、さまざまな車種で行われていましたが、不正の内容を大別すると、性能実験部の２件と認証試験グループでの２件の合計４件です。

性能実験部

① 惰行法を使わず、高速惰行法で走行抵抗を計っていた（法令違反）。

② 燃費目標を達成するために机上計算で求めた走行抵抗値を使っていた。

つまり、高速惰行法の結果から得た有利な走行抵抗値を使って燃費実験を行い、燃費目標を達成したかのようにみせかけていました（不正行為）。

認証試験グループ

③同グループで独自の試験を行わず、性能実験部が使った走行抵抗値を使って型式申請を行った。惰行法による走行抵抗を使わなかった点で法令違反になります。

④型式指定審査において排ガスや燃費で不合格にならないよう、走行抵抗を恣意的に小さくしていた。（不正行為）。

型式申請の審査で不合格になると認証試験グループの責任になるため、本来の性能が出ないクルマを合格させるために不正を行っていました。

このように、検査部署が開発本部にあるため監視機能が効かなかっただけでなく、不正の主役になっていたのです。

形だけだったコンプライアンス

一連の燃費不正については社内からの指摘があったにもかかわらず、改善しなかったこともニュースで報道され、またしても同社の体質が批判されました。

２００５年12月に行われた新人提言書発表会では、「走行抵抗の測定に高速惰行法が使われており、法規に従って惰行法を用いるべき」という提言がありましたが、これに対応せず、計測方法を改めなかったのです。

また2011年2月から3月にかけて、コンプライアンス部が国内の全従業員にコンプライアンスアンケートを行いました。この中で「評価記録の虚偽記載」「品質記録の改ざん、報告書の虚偽記載」「認証資料の虚偽記載」などの指摘が出てきました。コンプライアンス部はこの内容を当時の経営者、各役員、各部門長・本部長などに報告しています。これを受けて開発本部では、性能実験部の部長が部下の管理職にヒアリングを行いましたが、結果的に「問題なし」と開発本部に報告してしまうのです。コンプライアンス部は独自の調査を行っておらず、社内からの指摘は葬られてしまいます。

これは不正の疑いのある部署にチェックを任せて調査を終わらせたことに問題があります。コンプライアンス部が第2のディフェンスラインとして独自のチェックをすべきでした。この怠慢を許しているのは経営陣ということになります。

リコール隠し事件のときの再生策がコンプライアンスの徹底だったことを思い出すと、「形だけのコンプライアンス頼みはあてにならない」という事例の重ね塗りになってしまいました。

組織の問題

報告書に不正の原因は数多く記されていますが、1番目に指摘されているのは「性能実験部と認証試験グループが燃費目標達成の責任を負っていた」という組織上の問題です。

これは前に書いたことと同じで、重要なポイントです。つまり第1のディフェンスライン（性能実験部と認証試験グループ）がビジネスリスク（燃費目標）をとっているため、開発への監視が効かないという内部統制上の欠陥だからです。

監査役の問題

このような組織体制を決めているのは経営陣です。各ディフェンスラインの独立性がないことは明らかですから、監査役が経営陣に改善を勧告すべきでした。3つのディフェンスラインが機能していない組織をただすのは監査役の仕事です。また不正の原因に経営の圧力があったわけですから、これを監視するのも監査役の仕事です。

しかし調査報告書は監査役の責任についてまったく触れていません。ガバナンスのあり方から調査をしないと、形だけの再発防止策になってしまいます。

【企業理念と再発防止策】

リコール隠し事件のときの再生提言策はコンプライアンスの徹底でした。これが役立たなかったことはすでに述べたとおりです。

燃費不正事件に対しての再発防止策は「企業理念」に立ち返っています。それは報告書第9

章の再発防止策で「理念」のあり方を繰り返し説き、「自動車メーカーとして目指すべき理念を踏まえた行動指針を策定すること」としていることに表れています。

そして再発防止に向けた5つの指針を示しています。

① 開発プロセスの見直し
② 屋上屋を重ねる制度、組織、取り組みの見直し
③ 組織の閉鎖性やブラックボックス化を解消するための人事制度
④ 法規の趣旨を理解すること
⑤ 不正の発見と是正に向けた幅広い取り組み

再発防止策として企業理念に立ち返ることとは、コンプライアンス頼みだった再生提言よりも進歩がみられます。経営理念がリスクマネジメントの基本になることは本書の第2部第4章で説明しています。

しかし、5つの指針はどれも精神論的で、具体的なアクションが見えてきません。調査報告書は240ページもある大作ですが、この中に「内部統制」という言葉はわずか2回出てくるだけで、「リスク管理（マネジメント）」は1度も使われていません。その一方で「コンプライアンス」という言葉は相変わらず多く104回、「理念」は23回も使われています。

調査報告にはリスクマネジメントの視点が欠け、精神論的な印象しか残らないのはこの数字からも裏付けられます。特別調査委員会には内部統制やリスクマネジメントの専門家がいなかったのでしょうが、組織の独立性を見直すなど、可視化できる対策が必要と考えます。

スズキの燃費不正事件との違い

2016年5月には、スズキの軽自動車でも法令と違う方法で燃費計測を行っていたことが発覚しました。三菱自動車の燃費不正に続く事件であり、社会に衝撃が広がりました。

しかし、スズキでは正しい方法で燃費を測ったら、カタログ値よりもよい燃費になり、三菱自動車とは逆の結果になりました。法令違反ではあったものの燃費偽装ではないと受け止められ、社会の批判が収まりむしろ評価が高くなったのです。

●参考資料

日本経済新聞:2016/4/21, 2016/4/22, 2016/4/24, 2016/4/27, 2016/5/12, 2016/8/30
三菱自動車企業倫理委員会：答申書、2007年5月21日
三菱自動車特別調査委員会：燃費不正問題に関する調査報告書、2016年8月1日

6　椿本興業の循環取引

営業部門での不正

【事件の概要】

椿本興業は機械関連の中堅商社です。椿本興業といえば、1997年に当時の営業部長が12億円の架空取引を行っていた事件がありました。ある取引先に架空発注を繰り返した結果、12億円の損失が発生したというものです。同社にとっては営業黒字になる予定だったのが、8億円以上の赤字に転落するほどの大きな損失でした。

架空発注が可能な会社には内部統制に不備があるはずですが、その状態が改善されていなかったのでしょうか。別の幹部Mによる架空取引が翌年1998年から15年間も続いていたのです。そして2014年10月、Mと取引先の社長ら2人が詐欺容疑で逮捕されました。この事件の概要を朝日新聞の記事に基づいて説明します。

敏腕営業マンの不正

椿本興業の幹部Mは中日本営業本部で東海地方の営業部門を統括していて、本部長の次の立場でした。Mは1998年から15年間にわたって架空工事や架空取引を繰り返していたのです。架空取引は約80億円にのぼり、Mは大半の取引に関わっていました。

2011年ごろから、取引先からの代金回収遅れが問題となり、社内の調査が始まりました。Mはそれから1年半後の2013年3月に不正を告白し、5月に懲戒解雇されます。2014年10月、同社から2200万円をだまし取ったとして詐欺罪で逮捕され、翌年3月には大阪地裁で実刑判決が下りました。その7月には取引先のK社長にも実刑判決が下りました。

この事件は敏腕営業マンの不正取引で、内部統制の甘い会社で起こりやすいといえます。会社の金銭的損失はもちろんですが、それ以上に失った社会的信用は計り知れません。「企業価値=ブランド力」と考えると、企業価値を大きく損ねる事件でした。

不正が起きやすい組織

架空取引が起きる会社では、次の点に問題がなかったかが分析のポイントです。

①　売掛金の限度額

取引先別に売掛金の限度額（与信枠）を決め、部署や担当者別に売掛金の限度額があれば、循環取引の膨張を止められます。あとで説明しますが、循環取引を始めると在庫が限りなく膨らむので、限度額が設定されていると循環取引を画策しにくくなります。

②　発注と調達の分離

発注者と調達が別の部署に分かれていれば、調達部署が発注部署を監視できるので、架空取引をしにくくなります。

③　検収部署の独立性

検収は発注や調達に対する監視の役割があるので、検収を独立な組織で厳正に行っていれば、架空発注はかなり防げます。

④　固定化した人事配置

架空取引は取引先との癒着がなければできません。定期的な人事ローテーションがあると、担当者は取引先と癒着しにくくなります。

⑤ 従業員の日常的なチェック

現金の着服などが行われていれば、私生活や交友関係が派手になります。銀行などで、支店長や部長クラスが部下の私生活を日常的にさりげなくフォローしているのはこのためです。

架空取引のような不正行為はコンプライアンス教育だけでは防げません。架空取引を容易に実行できてしまう組織体制では、「取引先を助ける」という誤った「大義」でつい手を出してしまうからです。

【循環取引について】

Mの行っていた循環取引の件数は膨大で、多くの会社が関わっています。これは非常に複雑なので、簡単なケースで循環取引を説明します。

循環取引とは仕入れ先や販売先と結託し、商品の転売を繰り返し、架空の売上を上げる取引です。椿本興業の事件以外にも、クラボウ（2015年発覚）、昭和電工の孫会社（2017年発覚）など、循環取引は後を絶ちません。

その仕組みを簡単に説明しておきましょう。次の図に示したように、A社はある商品を80万円で仕入れ、B社に80万円で売ったことにします。B社はそれをC社に90万円で売ったことにします。そしてC社はA社にそれを100万円で売ったことにします。

商品は倉庫に預けたまま動かさなくても、持ち主の名義だけ書き換えれば、納品・検収を通過してしまいます。したがってこの取引には商品の実質的な移動がなく、お金だけが動きます。これによって代金は3社に順に支払われ、その結果、A社は20万円の差額を損します。

なぜA社は損する取引をやりたいのかというと、はじめにA社はB社から80万円を受け取ることができるからです。C社への支払は遅らせることができるので、A社は80万円をしばらくの間の運転資金に使えます。つまり、20万円のコスト（金利に相当）で80万円の短期資金を調達できたことになります。B社とC社での売買差益を縮めれば、もっと安いコストでの資金調達も可能です。資金繰りに困った会社は信用が

循環取引の例

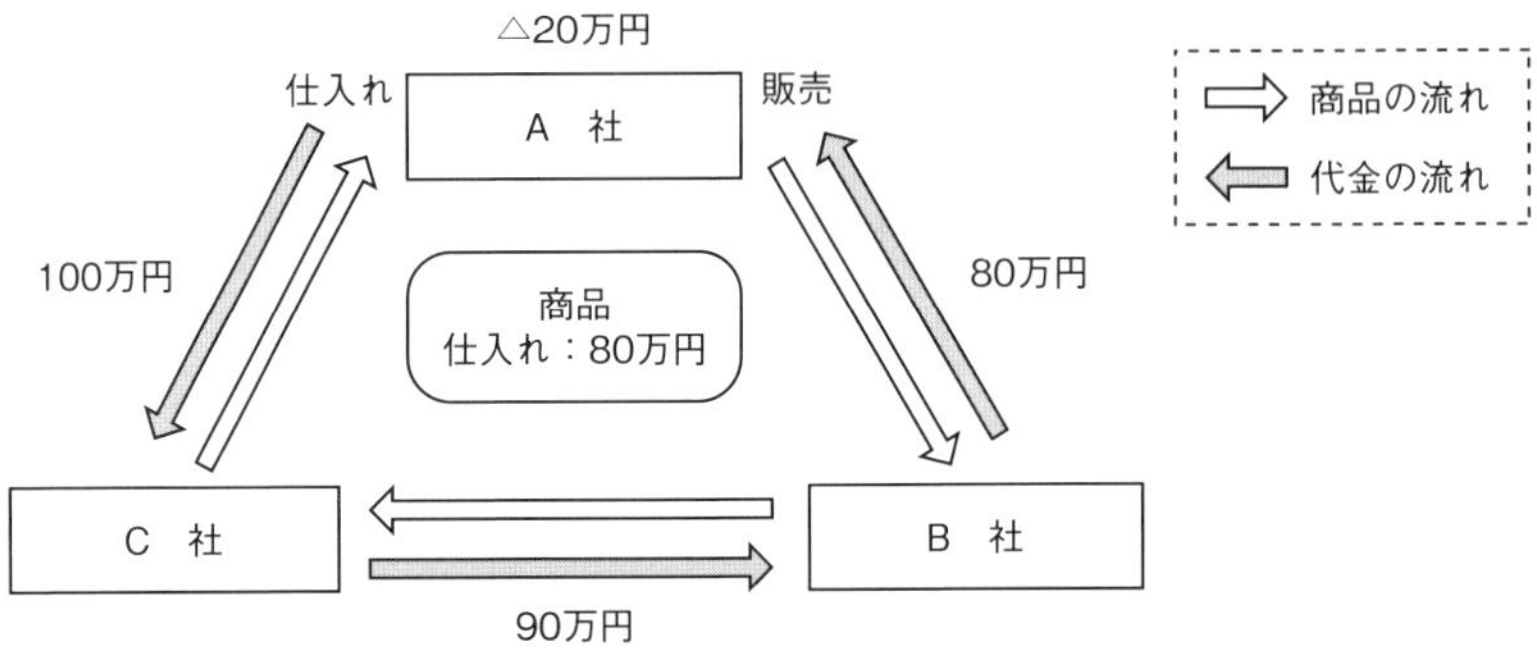

A社は80万円で商品を仕入れると、最初の棚卸資産は80万円。
取引が一周すると、100万円で仕入れた商品を持っていることになり、棚卸資産は100万円に増える。

売上－原価＝△20万円　　棚卸資産の増加＝20万円

会計上の営業利益は　±0

悪化し、銀行から資金調達しにくくなるため、とりあえずの運転資金を確保するためにこのような取引をしたいわけです。

循環取引はA社が販売先（B社）と仕入先（C社）と結託しないとできません。B社とC社はこれに加わると、汗を流すことなく10万円の差益を得するので、うまい儲け話です。一般の従業員は会社経営の資金繰りで頭を悩ますことはないので、A社では経営者が取引の主役になります。B社とC社は営業ノルマを達成したい担当者が取引に関わります。

またA社の関与者は仕入先のC社からリベートをもらうこともあります。これはB社、C社の担当者でも同様です。3社の関係者すべてに都合のよい話なので、循環取引が可能になります。

循環取引の利益

循環取引の利益はどうなっているのかを損益計算とキャッシュフロー計算を単純化して説明します。

A社は商品を80万円で仕入れているので、最初の在庫品の価値（棚卸資産）は80万円です。取引が一周すると商品はA社に戻ってきます。これは100万円で仕入れたものなので、在庫は100万円分あります。80万円だった棚卸資産が100万円に増えてしまうのです。

損益計算書の営業利益は次のように計算します。

営業利益＝売上−原価＋棚卸資産増加

棚卸資産の増加は会計上の利益になるのです。単年度に1回この取引を行うと、営業利益は次のように、取引ベースのマイナスと在庫ベースでのプラスが打ち消しあって、プラマイゼロになります。

営業利益＝△20＋20＝0

したがって損益計算書だけをみていると、循環取引は発覚しません。

一方、キャッシュフローは、会社から実際に出入りしたお金の差額を計算します。すると営業キャッシュフローは以下のようになります。

営業キャッシュフロー＝売上−原価＝△20

つまり20万円のマイナスです。会計上の損益ではプラス・マイナス・ゼロ（あるいはプラス）でも、キャッシュフローベースでマイナスになります。このパターンが循環取引の特徴といえます。

循環取引の結末

A社の業績が回復して、1回の循環取引で終われば大事には至りません。しかし、資金繰りに苦労する状態が続くと、循環取引を繰り返すことになってしまいます。それぞれの関与者にとっても都合のよい話なので、なかなか発覚しません。

循環取引を繰り返すと、商品が動かないままA社のキャッシュフローのマイナスは拡大します。しかし、在庫品の価値が帳簿上膨れ上がり、キャッシュフローのマイナスと相殺するので、会計上は損得が表面化しにくいのです。

とはいえA社は資金の出入り（キャッシュフロー）での損失が拡大しているので、資金繰りが悪化していつかは支払いが苦しくなります。代金支払いの流れが止まると、他の2社でも資金回収ができなくなり、問題が発覚します。C社では売上金の回収が遅れるので、売掛金が増えていきます。これがC社の検査で問題視され、発覚することもあります。

A社にとっては金銭的な損害を被るだけでなく、過去の決算報告を修正しなければならず、社会的な信用を大きく失うことになります。

循環取引をした担当者は社内規則で罰せられ、背任罪や詐欺罪で告発されることになります。会社に与えた損害に対しても、個人として損害賠償を求められることもあります。

循環取引を防ぐ方法

循環取引を防ぐ最も基本的な方法は、発注者が直接調達できない仕組みにすることです。そのため多くの会社では調達部署は収益部門と別に置かれているはずです。

たとえば、「100万円以上の発注については、調達部門が調達の権限を持つ」といった社内規程があるのはこのためです。この網をすり抜けるため、100万円以下に小刻みに分割して発注することも起きるので、分割発注の禁止といった社内規程もあるはずです。

上からの通達と現場の不満

調達に関連した問題が社内で起きるたびに、現場での調達の上限額が減らされていきます。あげくの果てに「現場で購入できるのは5万円まで」といった厳しいルールができ、不満の声が高まります。「間接部門でぼんやり仕事をしている人を増やすのか?」「スピーディな顧客対応ができなくなる」などなど、思い当たることがあるのではないでしょうか。

ふつうに仕事をしている人にとって、このようなルールは間接コストが重くなるだけで、何のメリットもありません。官僚的な会社では、通達がいつも上から一方的に降ってきます。社内規程の意図や想定リスクについて、社内に丁寧な説明をしているのでしょうか。

与信枠の設定

小さな会社では間接要員を十分確保できないので、発注と調達の分離は簡単ではありません。組織的に分離できても、調達と発注者がリベートを介して結託することもあり得ます。循環取引が巧妙に始まったとき、それを繰り返されないようにする仕組みが必要です。

循環取引の膨張を防ぐには、取引先ごとに与信枠を設定する仕組みが効果的です。図の例で、C社の立場で考えると、A社への売掛金を最大100万円までと与信枠を決めておくわけです。この仕組みを運用するためには、C社に受注案件と与信枠の関係を監視する仕組み（システム）が必要になります。

このようなシステムが入っていると、C社が売上の100万円を回収するまでA社には新し

与信枠設定による循環取引の防止

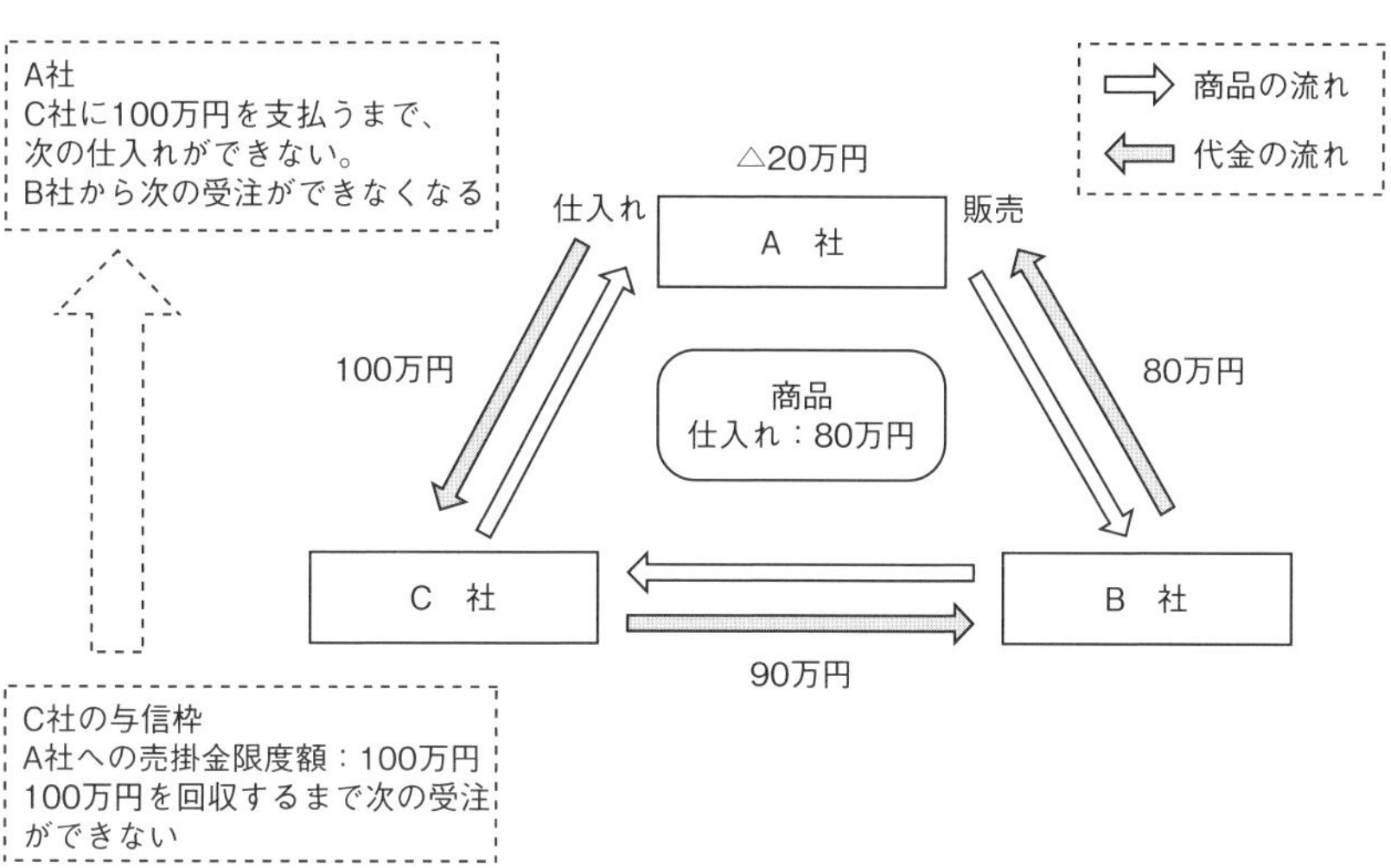

く商品を売れなくなります。A社は商品を仕入れることができなくなるので、B社に新たに売ることができません。これによって循環取引が行き詰まってしまいます。したがって、与信枠は循環取引を企てようとする人への牽制にもなります。

ほかにはガバナンスの弱い個人・零細企業との取引を認めない方法もあります。会社によっては、新規先と取引を始める前に、本社部門による信用チェックが義務付けられているところもありますが、これも同じ考えによるものです。しかし個人・零細企業と取引しないという硬直的なやり方は、新しい産業を生むという観点では弊害になりかねません。

ほかにも対策はいろいろありますが、この先は椿本興業の事件で考えます。

【不正取引の内容】

椿本興業からは、社内調査委員会の報告書と第三者委員会の報告書（要約版）が公表されています。以下ではこれらに基づいて、事件の内容を整理します。

発覚の経緯

２０１２年、Ｍが関わる取引で9億円以上の棚卸資産（在庫）が同社で問題になりました。これは循環取引で膨張した帳簿上の資産増なので、減ることはありません。同社の単体営業利益はおよそ10億円前後ですから、一担当者の案件だけで棚卸資産が9億円に増えるまで放置されていたことのほうが不思議です。

その後、棚卸資産は13億円に増え、改善が見込めないことから、Mの取引は止めさせられます。仕入れが止まると販売できなくなるので、代金が入らず、循環取引が行き詰まってしまいます。Mは循環取引や架空取引を約10年間も行っていたことを告白しました。

2社の結託で行われていた循環取引

前述のように、循環取引は発覚しにくくするために、3社の結託で行われます。しかし本件では椿本興業とA社（川端エンジニアリング）の2社の結託だけで行われていました。なぜ2社の結託だけで循環取引ができるのでしょうか。そのスキームを下図に示しました。

2社の結託による循環取引

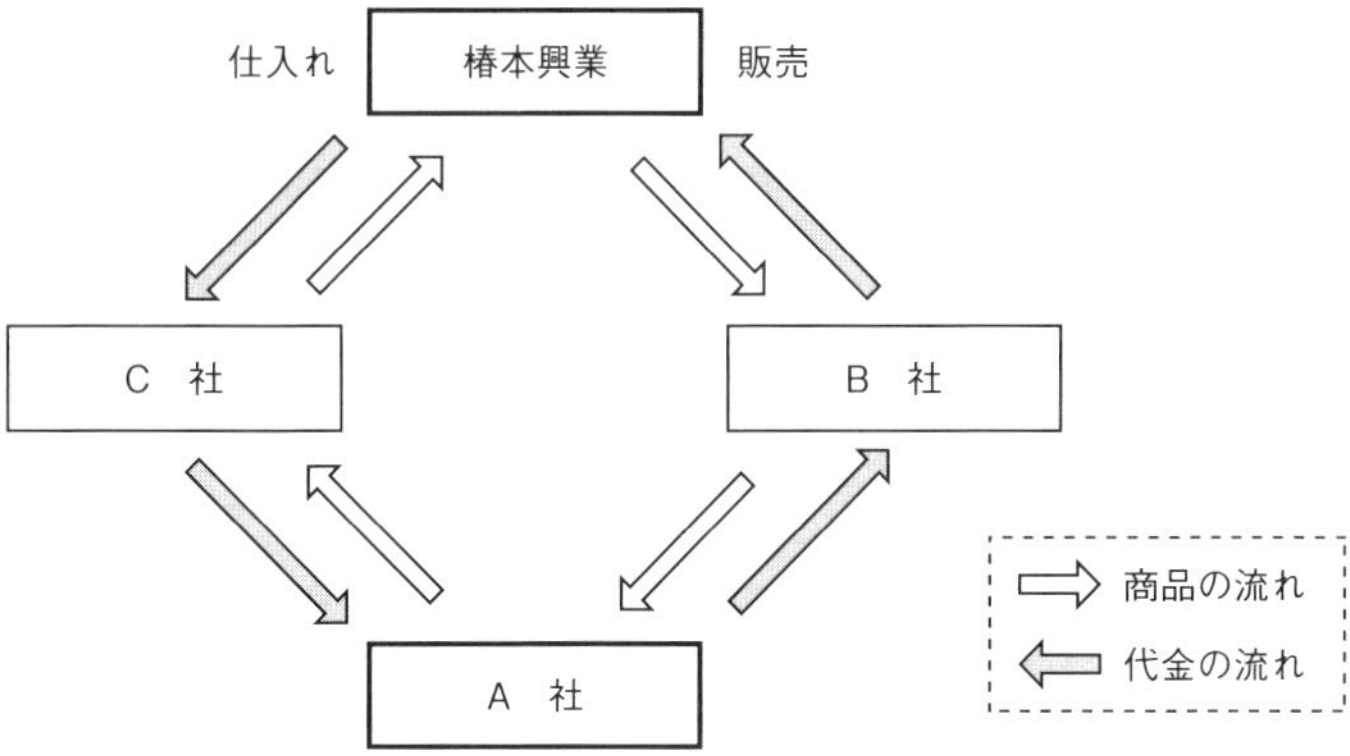

B社は椿本興業とA社の間に入って取引を行っています。C社も椿本興業とA社の間に入って取引を行っていました。つまりB社とC社は循環取引に関わっていることを知らずに、取引の輪に入っていたのです。

実際には、販売側の取引に7社、仕入れ側の取引に4社が関わり、約1000件で78億円強の循環取引が行われていました。この取引の中には、A社などからMへのキックバックが目的の架空工事の発注も含まれています。

循環取引の要因

循環取引のきっかけは、A社の資金繰り悪化です。A社を助けるためにMが循環取引を提案しました。循環取引による損失（マージン）はA社が負担し、全体で約8億5000万円になります。

椿本興業は約3億円の利益を得、他の関係会社も応分の利益を得たことになります。

循環取引以外にも水増し発注や架空工事の発注などがあり、これを含めるとMの不正取引は約15年も続いていました。ほかにはMの部下3人が不正取引に関わっていました。

その他の不正取引

循環取引のほかにも、Mの複数の部下などが水増し発注、水増し額のプール、架空発注、旅費の水増し請求を行っていました。これらについては省略しますが、一連の不正による社内関係者の着服額は約1億5000万円と算定されています。

【原因と再発防止策】

第三者委員会報告書（要約版）では、本件の原因を以下のように指摘しています。

①　営業担当者の幅広な権限

同社では営業担当者が顧客交渉、受注、仕入れと検収、代金支払い、売掛金の回収までに関与するスタイルでした。発注と検収が独立でないため第1のディフェンスラインが効きません。支払いと入金は、経理部など現場と独立した部門で行うのが普通です。したがって第2のディフェンスラインも存在していないのです。現場レベルでの相互牽制や本部から現場への監視が効かず、内部統制ができていない状態です。

権限集中の問題点については、同社担当の監査法人が2006年に不正リスクの高さを指摘していますが、経営陣は具体的な改善策を立てませんでした。

② 人事異動の少なさ

Mは入社以来、中日本営業本部にいて、入社14年目からは20年間、装置営業部門にいます。この結果、顧客と癒着しやすい状況になります。また不正に関わった従業員のうち2人は、入社以来ずっとMの部下でした。社内の人間関係においても、なれあいが生まれやすい人事施策がとられていたのです。

③ 自己決裁ができる会社

同社では、課長以上は受発注伝票を起票しないルールがありました。Mは部長格以上でしたが、自ら営業を行って受注した案件には、部下を使うなどして事実上の起案・決裁を自分で行っていました。

そしてMが関わる案件については、直属の上司（役員）が長期間チェックをしていなかったこともわかりました。つまり、自己決裁ができる業務環境だったわけです。この点でも第1のディフェンスラインが効いていないことがわかります。

④ コンプライアンス体制

Mの不正取引を知っている幹部社員の一部は、分け前にあずかろうと不正取引に加担していました。また多くの従業員が不正に気づいていたにもかかわらず、誰も他の上級職や監査役に相談しなかったのです。この点で従業員と役員のコンプライアンス意識の低さが指摘されています。

そして管理・監査部門に営業経験者がいないため、営業社員の説明を鵜呑みにする傾向があり、監視が効いていませんでした。第3のディフェンスラインも効いていなかったことになります。椿本興業は商社ですから従業員の多くが営業部署にいて、本部社員は一部しかいないはずです。本部や監査部門に現場経験者を配置しないという人事施策には、このような弊害があるということです。

再発防止策

前述の原因をみると、内部統制の不在が、不正を生みやすい企業風土を作っていることがよくわかります。したがって経営陣や監査役の責任が問われるはずです。結果として、社長ら取締役11人と常勤監査役1人に減給処分が行われました。

具体的な再発防止策がいくつか設けられましたが、その内容は原因の1つひとつに具体的に対応したものです。本来あるべき水準になっていなかったのをあるべき水準にまで引き上げるだけのことです。あるべき形になっている会社でも不正は起きるので、これから本当のリスクマネジメントが始まることになります。

●参考資料

朝日新聞:1997/2/13, 2014/10/28, 2014/11/1, 2015/3/24, 2015/7/18

椿本興業社内調査委員会：調査報告書、２０１３年５月２日

椿本興業第三者委員会：調査報告書（要約版）、２０１３年５月２日

７―オリンパスの粉飾決算
経営陣の不正

【事件の概要】

オリンパスはカメラで有名な老舗の精密機械メーカーです。２０１１年に発覚した同社の不正会計事件からは、第２部で説明しているリスクマネジメントの考え方を総合的に学ぶことができます。この事件の概要を朝日新聞の記事に基づいて説明します。

財テク失敗と飛ばし

オリンパスは１９８５年から財テクを経営戦略に位置づけ、積極的な資産運用を始めます。その後、リクルート事件（１９８８年）が起き、企業倫理に関心が高まりました。これを受けて朝日新聞は１９８９年に経営者30人への緊急インタビューを行いました。その中で当時のオリンパス社長は、以下のように経営者の心構えを語っていました。

「従業員に見つめられていることを忘れないようにしている」

その後バブルが崩壊し、オリンパスが投資した株式などは大きく値下がりします。この損失は2003年ごろには1176億円に膨らみました。同社は自己資本が約1500億円（2007年度）規模の会社ですから、非常に大きな損失だったことがわかります。

会計ルールでは、投資などで損失があるレベルを超えると減損処理によって損失を計上しなければなりません。ところが経営陣は損失の表面化を避けるため、海外のファンドに「飛ばし」を始めました。つまり、値下がりした株式を「買ったときの値段」で売ったわけです。これによって同社は会計上の損失を隠してしまったのです。

値下がりした株式をそれよりはるかに高い値段で買ってくれるところがあるのでしょうか。その後、株価が回復すれば、ファンドは投資元本を回収できますが、それが保証されているわけではありません。この謎はのちの不自然な買収劇とセットで解けることになります。

不透明な買収

2008年にオリンパスは英国の医療機器会社「ジャイラス」を2100億円で買収し、助言会社に手数料を666億円も支払いました。手数料としては高すぎる水準であり、助言報酬という形での水増し発注の疑いが湧いてきます。

同年、国内の健康食品販売会社「ヒューマラボ」、資源リサイクル会社「アルティス」、調理容器製造会社「ＮＥＷＳ ＣＨＥＦ」の３社を７３４億円で買収完了しました。この３社の売上は合計で54億円しかないので、財務上の企業価値は高々１００億円前後と想像できます。３社の実力に比べて法外に高い買い物をしたことになり、一種の水増し発注のような疑いを感じます。

企業を買収したとき、買収価格は企業価値より高いことが多いので、その差額は「のれん」として資産評価します。のれんは減価償却によって数年から20年ほどかけて徐々に消えていきます。

ところがＭ＆Ａの失敗はよくある話です。買収した企業の業績が期待通りでなかったりすると、投資額を回収できないことになり、その損失を計上（減損）することになります。これは投資した株式などの減損処理と同じ考え方です。

オリンパスの場合、３社買収完了後の翌年２００９年には５５７億円の減損処理を行いました。３社を実力以上に高く買ったことの後始末とするには判断が早すぎるという疑いが湧きます。

ジャイラス買収の手数料６６６億円と３社の減損額５５７億円を足すと１２２３億円にもなります。この数字が、株式投資の損失の１１７６億円とよく合うことが謎を解くヒントです。

その後、一連の会計処理が経営陣による不正会計であることが解明されたのです。

飛ばしと買収の組み合わせ

オリンパスの不正会計の仕組みを簡単な例で説明しましょう。

O社では10億円の株式投資をしたものの、株価が2億円に値下がりしたとします。これは不正ではなく運が悪かっただけです。

購入価格より8億円も値下がりしているので、減損処理によってその損失を計上しなければなりません。それを避けるために実行されたのが「飛ばし」です。損失を隠すために株式をファンドに10億円で売ることです。これによってO社の損失は表面化しませんが、ファンドは実質的に8億円も損するので、O社はファンドに借りを作ったことになります。

次に3億円の価値しかないA社を11億円で買う（買収）としましょう。これは一種の水増し

飛ばしとM&Aの組み合わせ

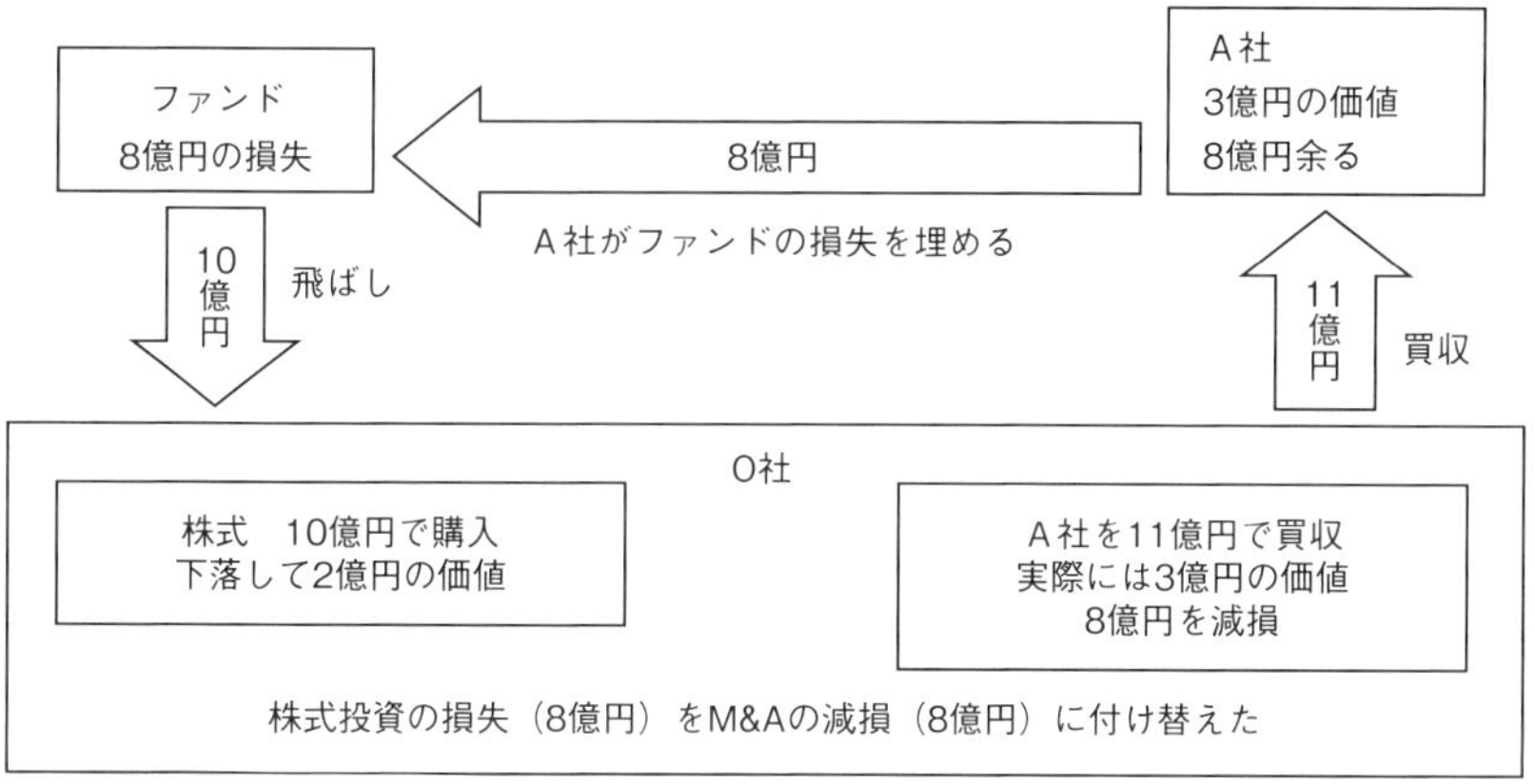

発注ですから、理屈の上ではA社に8億円の資金が余るはずです。これをファンドに渡せば、ファンドは8億円の損失を埋めることができ、O社はファンドへの借りを帳消しにできます。

O社は買収後にA社の企業価値を再評価すれば3億円分しかないはずで、8億円ののれんを資産計上しなければなりません。のれん（8億円）を徐々に減価償却しないで、なんらかの理由をつけて1年で減損処理してしまうとどうなるでしょうか。結果的にO社は株式投資の損失を買収案件の減損で処理したことになります。この仕組みはA社とファンドの協力があれば可能です。

オリンパスの事件ではさらに多くのファンドや買収企業が関わり、非常に複雑です。当然、外部の協力者も複数いたことになります。最初に株式投資の損失を減損処理していれば、経営陣が逮捕されることもなかったのです。経営への監視が効かない会社だったために、経営者の暴走を許してしまいました。

【経営者不正とリスクマネジメントの限界】

内部通報した従業員が左遷された

不正会計の事務手続きは担当者レベルで行われるので、財務部などの担当者が不正に気づくはずです。しかし経営陣による不正を内部通報しても、もみ消されるか自分が左遷されるだけですから、そのリスクをとってまで内部通報する人はまずいません。経営者の不正はリスクマネジメントの限界を超えているので、防ぐことも改善することも困難です。

公益通報者保護法ができたのは2004年です。オリンパスはその翌年に内部通報制度を設けました。しかし同社では2007年、上司の不適切行為を内部通報した従業員が左遷されるという事件が起きました。この従業員は同社を提訴しましたが、東京地裁の一審は敗訴だったのです。その後、上告し、2011年8月に東京高裁で会社側が敗訴しましたが、最高裁で2審が確定したのは2012年のことです。

5年間にわたる裁判で、左遷された従業員の経済的・精神的苦痛は想像を超えるものだったのではないでしょうか。いくら裁判で勝てるとしても、左遷され、裁判を起こすことまで覚悟して内部通報する勇気がある人はまずいません。通報によってなんらかのメリットが期待できるわけでもないのですから。

改善後の通報制度も実質的に使えなかった

この裁判のあと、同社は社外の弁護士事務所に通報窓口を設け、制度を改善しました。しかし通報者の氏名が社内に開示される仕組みがセットになっているので、通報をする人はまずいないでしょう。実質的に使えない制度で、リスクマネジメントの「箱もの」に魂が入っていない例といえます。このような仕組みは違法にはならないので、オリンパスの経営者もなかなかうまいことを考えたものです。

１９８９年のオリンパス社長のコメント「従業員に見つめられていることを忘れないようにしている」を思い出してみましょう。これは従業員が期待していることとは違う意味だったのかもしれません。

経営陣の不正に気づいた担当者が会社を更生させるために残された道は、外部に告発することです。しかし第2部第3章で説明しますが、初めから外部告発すると情報漏洩などで逆に解雇されるリスクのほうが大きいのです。公益通報者保護法には限界があるのです。

雑誌による告発

その後、会員制月刊誌「ＦＡＣＴＡ」の２０１１年8月号に、オリンパスの追及記事が掲載され、関連記事は12月まで連載されました。山口（２０１６）によると、ＦＡＣＴＡの記事では情報提供者が特定されないように、そして雑誌社や記者がオリンパスから告訴されないために細心の注意を払っていたことがわかります。

この一連の記事によって不正会計が発覚し、２０１２年の「編集者が選ぶ雑誌ジャーナリズム賞」の大賞を受賞しました。

新社長による告発

話は少し遡りますが、２０１1年4月に英国人のW氏がオリンパスの社長兼最高執行責任者に昇格しました。W新社長は「ＦＡＣＴＡ」の記事（友人が英訳）を読んで疑惑を知ります。社内調査を進め、１４００億円が社外に流出していたことをつき止めます。そしてK会長に電子メールで辞任を求めました。

W新社長は最高執行責任者ですが、ＣＥＯ（最高経営責任者）は会長が務めているので、取締役会の実権は会長にあります。10月14日、新社長は取締役会で解任されてしまいます。解任の理由は「組織の意思決定プロセスを無視した独断で、組織間の連携がとれなくなった」と報道されました。

オリンパスは英国人社長の就任で注目され、わずか半年後に解任されたという点でも社会の関心を集めました。しかし、社長による内部告発であっても機能せず、逆に降格されてしまったのです。そしてT社長体制に変わりました。

株式市場の反応

W氏は解任された直後、フィナンシャルタイムズの東京駐在記者に経緯を説明し、資料を渡します。翌15日以後、海外のメディアが同氏の主張を「２００6～２００8年にオリンパスが行った数社の企業買収を追及したら解任された」と報じました。

解任が報道された14日の東京市場では、オリンパス株は前日より18％下落します。さらに海外メディアの報道を受けて、週明けの17日はストップ安まで売り込まれ、前週末より20％以上も急落しました。

翌月の11月、同社は第三者委員会を立ち上げます。オリンパス社のホームページには「報道されている過去の買収は、決して不正ではございません」というT社長のコメントが掲げられていましたが、11月8日には消えたとのことです。そして、この8日に同社の記者会見が行われ、損失計上の先送りを認めました。

この日の同社株価は再びストップ安まで急落しました。疑惑が始まる前の4分の1まで下がったことになります。オリンパスを信用してい

事件当時のオリンパスの株価推移（2011年）

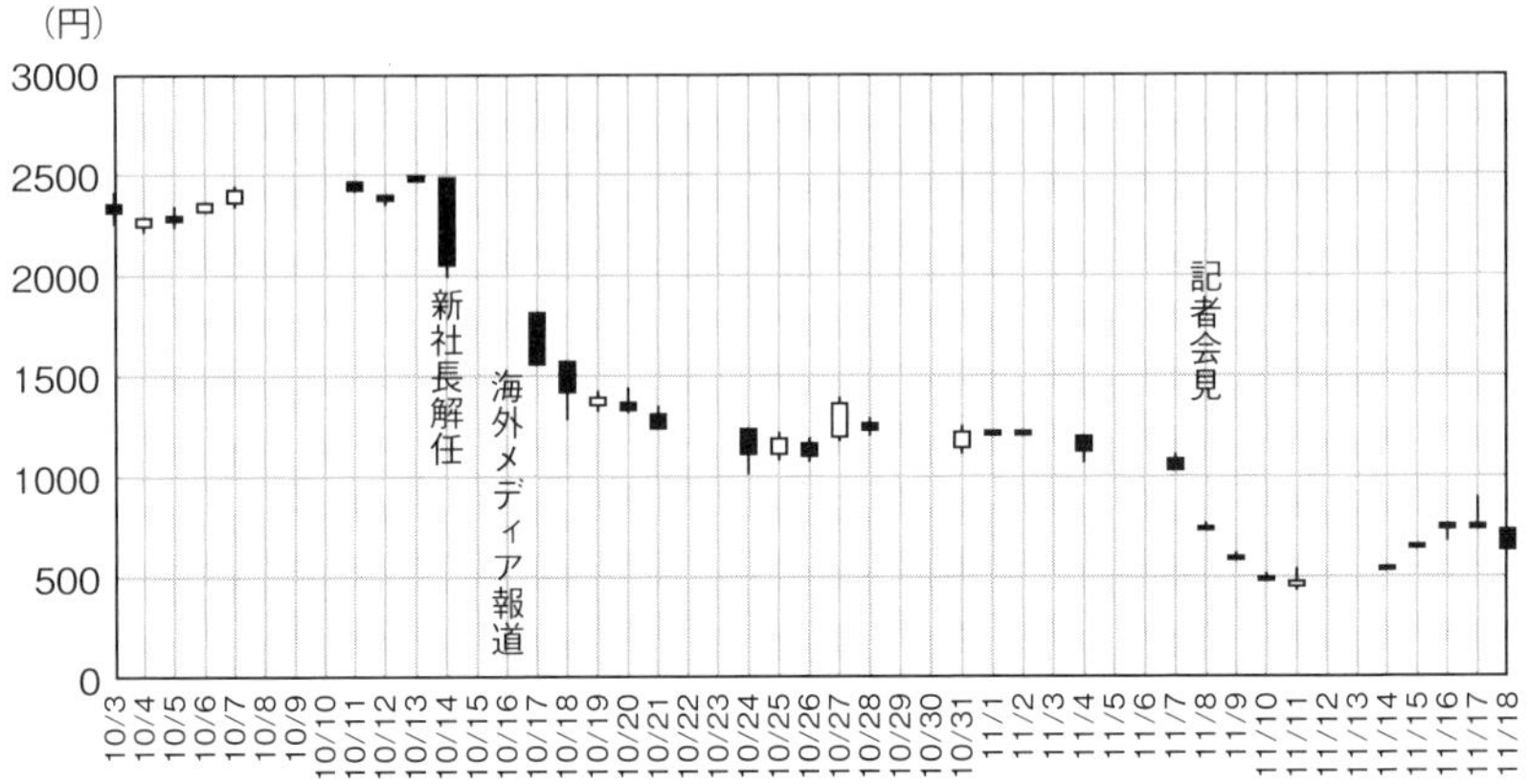

た株主にとっては大損です。

【ガバナンスと内部統制の問題】

T社長会見の約1か月後の12月に第三者委員会が調査報告書を公表しました。これは同社ホームページで公表されているので、その報告書に基づいて経営体制と組織体制の課題について整理します。

権力の集中を容認していた

1980年代に財務担当者だったYとMはその後、財務の責任者に昇格します。この時期の資金運用はこの2人を中心とする少数の担当者に独占されていました。報告書は「権力の集中を容認したオリンパスの統制環境は問題の多いものだった」としています。

同社は2001年4月にコーポレートセンター（いわゆる本社機能）を設立しました。これは複数の本部と、統括本部、統括室の上部組織で、総務部、財務部、法務部、人事部、経理部などを所管します。財務部出身のYとMはそれぞれ2003年4月〜2009年3月と2009年4月〜2011年3月の期間、コーポレートセンター長を務めていました。したがってコーポレートセンターは財務部との独立性を失い、牽制の効かない組織になっていたことになります。つまり財務部に関しては第１と第２のディフェンスラインが機能しません。

とくにＹは副社長（その後、常勤監査役）になり、２００３年４月以降に監査室担当役員も兼務していました。つまり、不正の主役級がコーポレートセンター長と監査室担当役員を兼務していたのです。これでは監査室は財務部だけでなく本社機能の各部に対して独立性のある内部監査ができません。第３のディフェンスラインも機能していなかったことになります。図はこの状況を表したもので、財務部での不正を隠すための鉄壁の布陣になっていたことがわかります。

財務担当者の定期的ローテーションは不正を防ぐ基本ですが、資金運用の専門知識を持つ人は少ないので、このローテーションはそれほど容易ではありません。

オリンパスのガバナンス体制　(2003-2009)

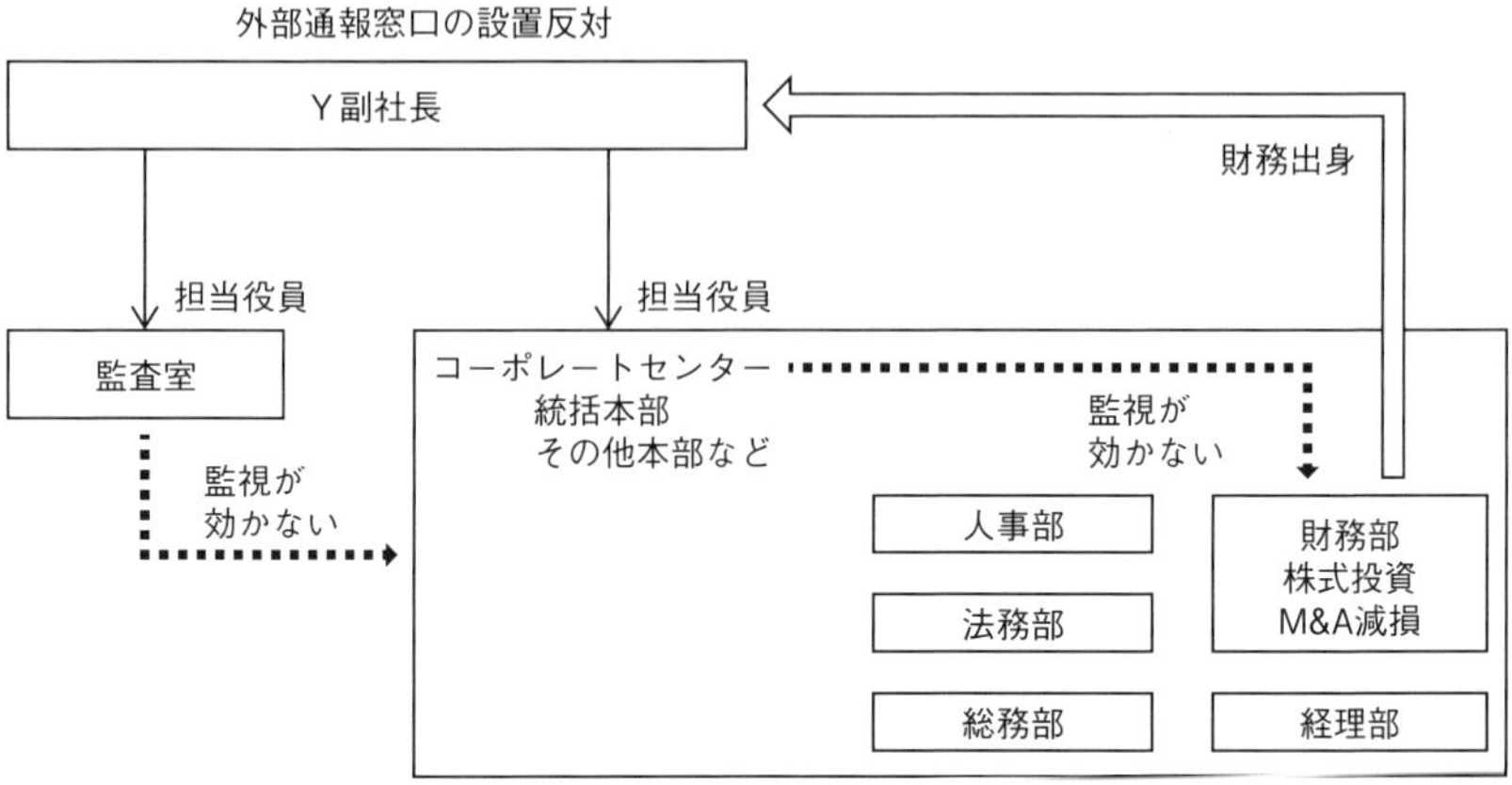

権限が分離されている組織体制を作っても、役員配置によってはそれが機能しないということが言えます。これがオリンパス事件から得る教訓で、まさにリスクマネジメントの箱ものに魂が入っていなかったのです。この役員配置に改善を勧告するのは監査役の仕事ですが、これが行われていませんでした。監査役の独立性が問題になりますが、これについては後で説明します。

リスク評価能力の欠如

リスクマネジメントは取締役会の仕事ですから、第三者委員会はこの点についても調査をしています。同社では2010年に「企業リスク調査」が役員・部長クラスを含む243人に対して行われました。その調査では影響の大きいリスクとして、以下の3つが挙げられていました。

①会計上の問題（粉飾決算、不適切な経理処理）
②問題情報の隠蔽・改ざん
③監督官庁等に対する虚偽報告

しかしこの社内調査ではこれらを優先対応するリスクとはしませんでした。つまり「経営者不正はあり得ないとの思い込みによってリスクが過小評価された」のです。このことから、第三者委員会報告は、内部統制の評価全体が形式的すぎるとしています。

報告書では「リスク管理委員会が設置され、定期的に開催されているが、リスク評価などについては問題がある」としています。これは三菱自動車で燃費不正の疑いの指摘が社内から複数あったにもかかわらず、それに深入りしなかったことと同根です。

コンプライアンス担当者の提案を聞き入れず

オリンパスでは2005年にコンプライアンスヘルプラインが導入されました。ここに通報された案件はコンプライアンス室が受け取る仕組みです。しかし、この方法だけではコンプライアンス室での不正を通報しにくいことになるので、外部通報窓口も必要です。

コンプライアンス室の担当者からは、外部通報窓口の設置案が何度も提案されましたが、コーポレートセンター長で監査担当役員のYが強く反対したため、外部窓口のない体制が続いたのでした。コンプライアンスヘルプラインは第2のディフェンスラインになりますが、これも不正の当事者が牛耳っていたという構図です。

監査役の独立性が確保されていなかった

同社監査役会は常勤監査役2人、社外監査役2人で構成されていました。常勤監査役は同社で長年勤務した元従業員か元役員です。そして当時の社外取締役の2人は、1人は社長の元同級生、もう1人はオリンパスへの納入業者です。

4人の監査役は代表取締役の指名・推薦を受けて監査役に就任しているということも問題です。報告書では、常勤監査役も社外監査役も「代表取締役との精神的な独立性が担保されているとはいえない」としています。

第2と第3のディフェンスラインを同一人物が支配していたという役員配置は、ガバナンス上の意図的な不備です。監査役の独立性がないと、経営者を監視できないという事例でもあります。

世の中では監査役は元役職員の名誉ポストだと思っている人が多く、そのような実態がまかり通っていますが、このような風土では経営者の怠慢や不正を監視できません。

【経営者の責任】

再び朝日新聞記事に基づいて、事件の結末をまとめます。

旧経営陣の逮捕

２０１１年12月に警視庁と証券取引等監視委員会によるオリンパスへの捜索が始まりました。翌２０１２年２月、Ｋ前社長、Ｙ前常勤監査役とＭ前副社長の３人が、金融商品取引法違反などの容疑で逮捕されました。損失隠しに関わった外部協力者も４人逮捕されています。

２０１３年７月、東京地裁はオリンパスの３人に有罪判決を下しました。裁判長は「経営を監視するはずの取締役会、監査役会が形骸化していた」と指摘しています。これに関連して金融庁は「不正リスク対応基準」を新設し、監査法人の役割を「会計の確認」にとどまらず、「不正の発見」にあるとしています。

その後のオリンパス

この後、同社は社外取締役を過半数とする内規を作り、改革に向けて動きました。２０１７年では株価も４０００円前後まで回復しています。

Ｗ氏は社長を解任されて間もなく、1通のメールを受け取ります。10月22日のことなので第三者委員会が立ち上がる前の時期で、「ＦＡＣＴＡ」の記事の情報源の人物からとのことです。メールには「私はオリンパスの社員です。あなたが私たちの会社のために行動したことについて感謝しております」と書かれていたのでした。「人は必ず間違いを犯す」という前提でリスクマネジメント体制を築いていくのですが、最後の頼みの綱は正義のための信念なのかもしれません。

適切な会計処理の形

株式投資で損失が拡大したとき、経営者は会計ルールに基づいた減損処理を求められます。しかし、オリンパスの経営者は飛ばしで損失を隠し、それをファンドに付け替えたわけです。もし株価が回復していれば、そのファンドが株式を売れば損失が出ないので、これを期待したのかもしれません。実際には株価が回復しませんでした。そこで企業買収を行い、浮かせた資金で損失を穴埋めし、さらに不正を重ねてしまったことになります。

結果的に、株価の損失は違う形で財務基盤を傷めることになったのですから、はじめから正直に株式の減損処理をしておけばよかったのです。

不正会計による損害

不正会計は株主や投資家などへの背信行為ですが、一般の人々には罪悪感が薄いようです。オリンパスの事件でも当事者たちが私腹を肥やしていたとはされていません。

しかし決算の修正が必要になり、そのための費用や関連部署の役職員に余分な仕事が発生します。その意味で、不正会計は会社に損害を与えることになります。東芝の不正会計事件では、決算の修正費用や、法令違反による課徴金などで約１００億円の無用な支払いがありました。

●参考資料
朝日新聞:2011/8/31, 2011/10/14, 2011/10/18, 2011/10/22, 2011/10/28
山口義正『ザ・粉飾 暗闘オリンパス事件』講談社、２０１６
オリンパス第三者委員会：調査報告書、２０１１年12月6日
ＦＡＣＴＡ：２０１１年8月〜12月号

8 東芝の不正会計
社長の圧力による執行部門での不正

【事件の概要】

東芝は2008年度から2014年度までの間で、1500億円以上の利益をかさ上げする不正会計を続けていました。不正は複数のカンパニー（社内会社のような組織）で数多くの事案に広がっています。

不正には経営トップらが組織的に関わっていたので、この事件はリスクマネジメントの限界を超えています。同社のガバナンスとリスクマネジメントにはどこに問題があったのでしょうか。また、不正に気づいた従業員は何ができたのでしょうか。そしてどのような再発防止策が考えられるのでしょうか。

この視点で日本経済新聞の記事と東芝が公表した3編の報告書に基づいて考えていきます。

証券取引等監視委員会への通報で発覚

不正会計は金融庁証券取引等監視委員会への通報がきっかけで発覚しました。監視委員会による検査と社内調査によって、社内の各カンパニーで不正会計が相次いで発覚したのです。

その後、第三者委員会の調査が始まりました。第三者委員会の調査報告書では、内部通報制度が機能しなかった一因に、会社のコンプライアンスに対する姿勢について、「従業員の信頼が得られていない」としています。オリンパス事件と同様、経営トップの不正には内部通報制度の限界があることがわかります。

本件では通報に対して、証券取引等監視委員会が適切な対応をしたといえます。経営陣による組織的な不正会計に気づいた従業員にできる方法として参考になります。

業績をよくみせかけていた

第三者委員会調査によると、不正会計は次の6つのカンパニーで行われていました。

- 電力システム社　(原発・火力など)
- 社会インフラシステム社　(電力流通、交通など)
- コミュニティ・ソリューション社　(社会のスマート化など)

・映像事業カンパニー　（のちに分社化）
・パーソナル＆クライアントソリューション社　（ＰＣ事業など）
・セミコンダクター＆ストレージ社　（半導体など）

税引き前利益の修正額は全体で１５１８億円です。本件に関しては個々の事案の数が多く複雑なことから、個別の事案の説明を省きますが、金融庁資料によると次のようにまとめることができます。

・一部の工事案件で工事損失引当金を少なくし、売上を大きく計上した。
・映像、パソコン、半導体などの事業で、売上原価と費用を小さく計上した。

簡単にいうと、業績をよくみせかけるために費用の計上を次年度以降に先送りするなどし、会計上の利益が出ているかのようにみせかけていたのです。その後、業績が好調になったときに、先送りした費用を計上すれば、気づかれずに終わるかもしれません。しかし業績低迷が続いて費用の先送りを重ねると、利益のかさ上げ額が年々膨れ上がります。

当然のこととして、実際のお金の収支（キャッシュフロー）ではそれほどプラスにはなっていないはずです。会計上の利益とキャッシュフローとの乖離が続くので、会計監査法人が粉飾に気づくはずですが、いったいどこを見ていたのでしょうか。オリンパス事件で触れましたが、監査法人には不正を発見する役割があるからです。

その後の調査などで、決算の修正額（利益の減額）は税引き前損益の合計で２２４８億円に膨らみました。

会計上の利益とキャッシュフロー

企業の業績は純利益で測ることが一般的です。この会計上の利益は、循環取引や不正会計が行われていると、損益の実態を正しく表すことができません。このことから、企業の収益力を測る指標としてはフリーキャッシュフローがよく使われます。

東芝では会計上の利益額を操作していたため、事件発覚後に２００８年度から２０１４年度までの決算が訂正されています。次の図は純利益とフリーキャッシュフローをそれぞれ訂正前と後で比較したものです。純利益をみると、２００８年度から２０１２年度まで毎年３００億から７００億円の純利益がかさ上げされていたことがわかります（２０１０年度除く）。

一方、フリーキャッシュフローは訂正前と後でほとんど差がありません。キャッシュフローは会計上の利益と違って操作しにくい指標だとわかります。

この期間の純利益の累計（訂正前）は４８０億円だったのに対して、フリーキャッシュフローの累計は約１６５０億円のマイナスです。つまり、純利益とフリーキャッシュフローの乖離

東芝の連結純利益とフリーキャッシュフローの推移

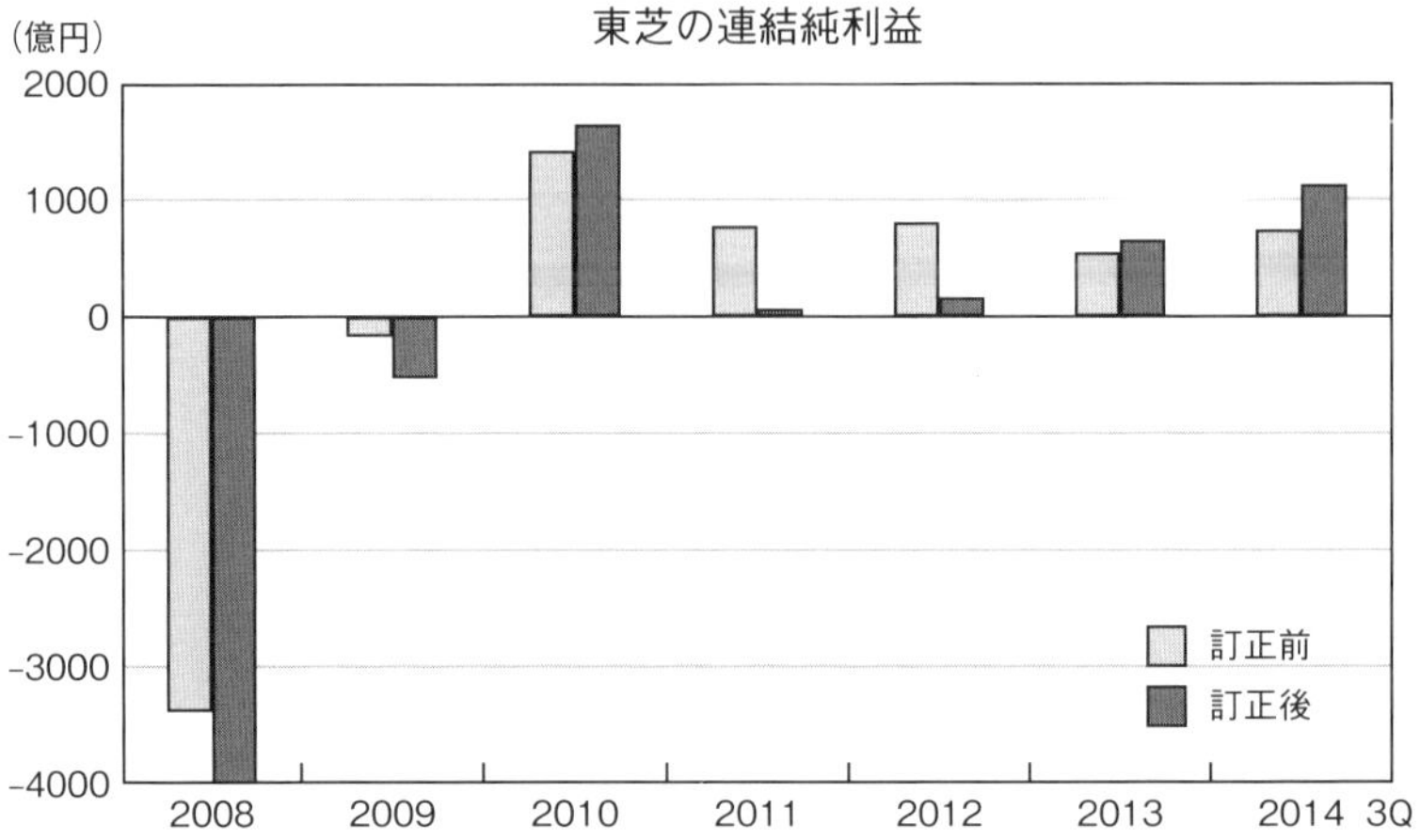

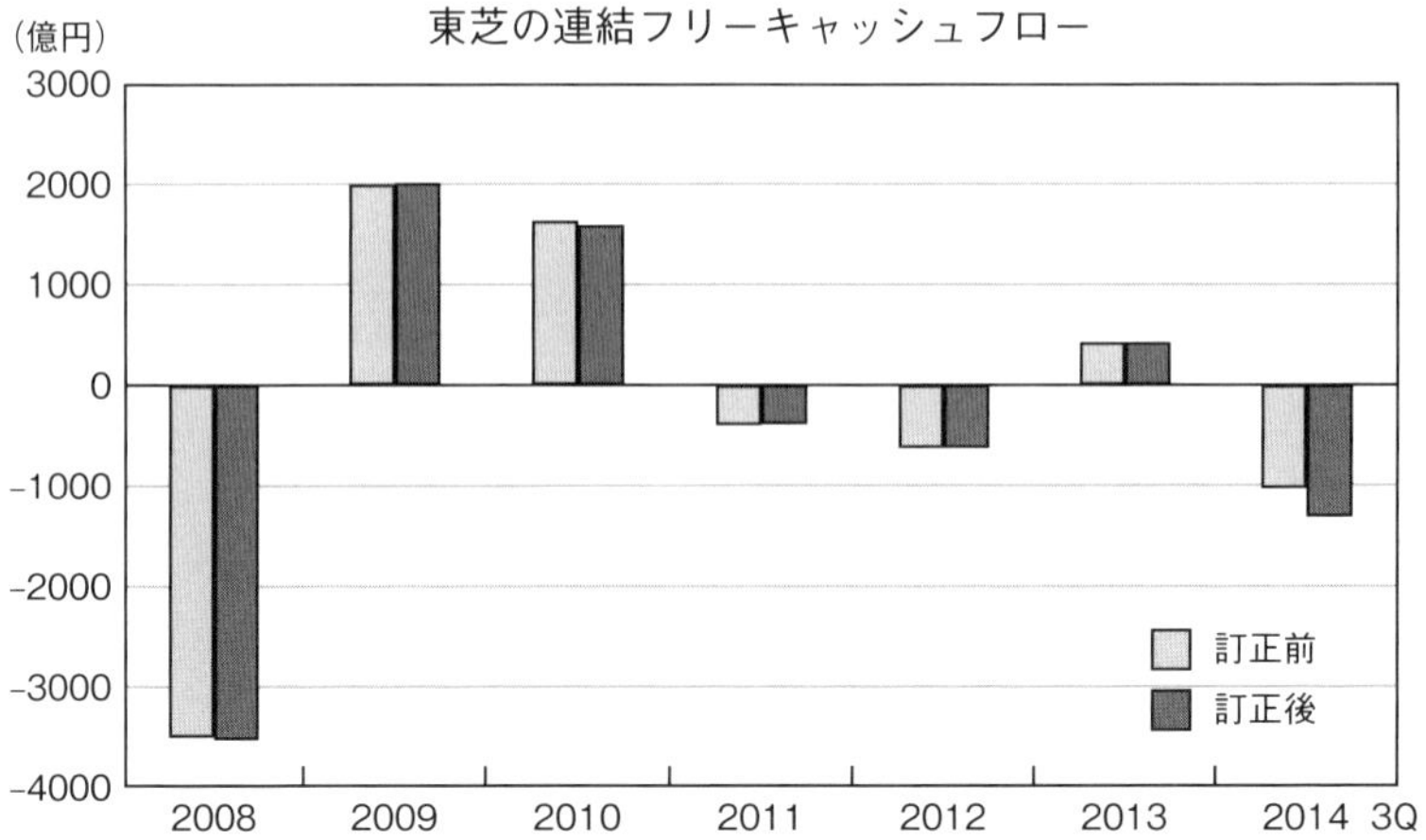

(東芝の有価証券報告書から作成。2014年度は第３四半期まで)

は累計で2130億円もあります。この差額だけで粉飾と断定するわけにはいきませんが、監査法人は乖離の合理性を十分確認したのかという意味で責任が問われたといえます。

【金融商品取引法違反と課徴金】

東芝の不正会計は金融商品取引法違反になり、2017年12月に金融庁から73億円強の課徴金納付が命じられました。課徴金としては過去最高の金額です。その決定要旨によると、有価証券報告書の虚偽記載に関して以下の点が指摘されています。

① 一部の工事案件で工事損失引当金を少なくし、売上を大きく計上した。
② 映像、パソコン、半導体などの事業で、売上原価と費用を小さく計上した。
③ 2009年度は純損益の赤字を340億円少なく報告した。
④ 2011、2012年度だけで純利益を1300億円以上かさ上げして報告した。
⑤ 赤字幅の縮小と利益額のかさ上げによって財務内容を良くみせかけ、2010~2013年に3200億円の社債を発行して資金調達した。

資金調達の問題

①から④までは不正会計の説明ですが、⑤は投資家を欺いたことを指摘するものです。業績が実力以上にかさ上げされていたため、財務諸表の貸借対照表（バランスシート）の財務力が強く見えるようになります。これによって東芝の信用力が高く評価され、低い利率で社債を発行していたはずです。投資家は本来なら東芝の財務力（破たんリスク）に見合う利率を要求できるので、その金利差分の不利益を被ったことになります。

不正会計に絡めて有利に資金調達したことは、日本を代表するトップ企業が詐欺のようなことをしていたわけで、海外から日本企業への不信感をさらに強めることになります。あとで説明しますが、東芝は早くから指名委員会等設置会社に移行し、世界に通用するガバナンス体制をとっていました。しかし、見かけと実態の落差は大きかったといえます。

東芝の損害額

工事やシステム開発などの請負業務では、担当者や部課長の判断で進捗をやや前倒しに報告したり、コストをやや遅らせて報告したりすることがないわけではありません。そのような処理が場合によっては不適切と判断されることがあります。その意味で、多くのビジネスパーソンは不正会計と背中合わせで仕事をしているといえます。

東芝での不正会計は横領と違い、会社に金銭的な損害を直接与えるわけではありません。しかし、決算修正のための費用や、法令違反による課徴金などを支払うことで直接的な損害が生じました。日本経済新聞によると、上場契約違約金などが10億円超、課徴金が73億7350万円、そして決算修正のために監査法人に約20億7000万円を支払っています。正確な数字はわかりませんが、合計で100億円規模の損害になります。これに加え、関連部署の従業員に無用な仕事が増えていることも間接的な損害です。

それに加えて、信用力やブランド価値の毀損といった無形価値の損失は計り知れません。

東芝は不正会計によって10億円の損害があったとし、5人の役員に3億円の損害賠償を求める訴訟を起こしました。その後、金融庁への課徴金などがあり、賠償請求額は32億円に増えています。

【ガバナンスとリスクマネジメント】

カンパニー制の採用

東芝は1999年にカンパニー制を採用しました。カンパニーとは社内の会社のようなもので、人事・投資・経理の機能をもち、事業部より強い独立性と権限があります。しかし持ち株会社の子会社のような独立性はなく、取締役会もありません。したがって、カンパニーでのリスクマネジメントは本社の取締役会が責任をもちます。東芝では本社機能をコーポレートと呼んでいます。

下図は当時の東芝の財務会計に関する体制図です。これをみると、財務部はコーポレートに置かれています。またカンパニーに経理部があることから、カンパニーに経理に関する責任と権限があることがわかります。３つのディフェンスラインの考え方になれてきた人なら、ここで何かおかしいと気づくかもしれません。その答えはもう少しあとで説明します。

委員会等設置会社への移行

東芝は国内で先駆けて委員会等設置会社に移行し（２００３年）、コーポレートガバナンスのお手本といわれるほどの体制になりま

東芝の旧財務会計機能

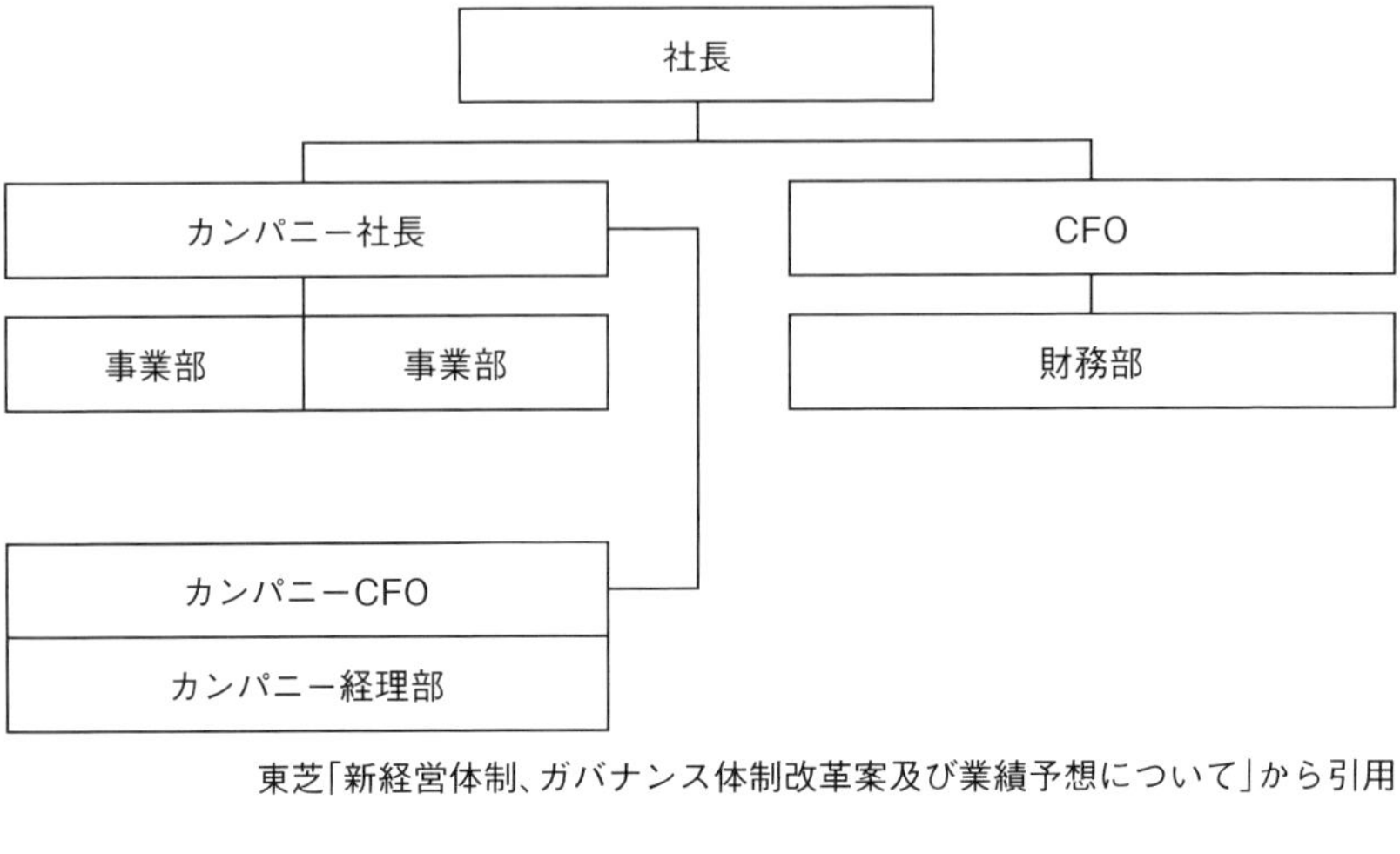

東芝「新経営体制、ガバナンス体制改革案及び業績予想について」から引用

した。これは現在の指名委員会等設置会社（第2部第2章参照）に該当します。当時の同社プレスリリースによると、「指名、監査、報酬の3委員会を設置することで、監督機能の強化と透明性の向上を図る」としています。

社外取締役を置くことによって、経営の透明性や規律の向上が期待されたのです。また、「執行役は業務執行に専念し、取締役（会）はその監督に徹する」としているので、各カンパニーのトップは執行役員が務めていると考えられます。そしてCRO（Chief Risk Management Officer）、リスク管理委員会、コンプライアンス委員会等を設置して、「リスク・コンプライアンスに係る体制強化を図る」としています。

東芝にはコーポレートガバナンスとリスクマネジメントの立派な箱ものができていたにもかかわらず、大規模な不正会計が続いていたのはなぜでしょうか。

不正の要因は社長から各カンパニーに利益目標必達のプレッシャーがあり、各カンパニーで利益のかさ上げをしていたというものです。経営トップと執行部門のトップによる不正によって、リスクマネジメント体制は骨抜きにされていたのです。

この状況を第三者委員会調査報告書に基づいて整理します。この報告書自体にも様々な問題が指摘されていますが、それについてはあとで説明します。

監査委員会と社外取締役

調査報告書は「複数の監査委員が不適切な会計処理を認識していたが、監査委員会でそれを審議したり、執行側に問題点を指摘することがなかった」としています。また「監査委員会が取締役会に何らかの指摘を行うこともなかった」としています。

当時の取締役は16人で、このうち社外取締役は4人でした。監査委員は社内出身者が2人で、社外監査委員が3人です。社内出身者の監査委員の1人が財務・経理を担当していましたが、3人の社外監査委員は財務・経理に詳しい人ではありません。このことから実質的には社内出身者の1人だけで財務経理の監査を担当していたことになります。

また社内出身者が監査委員長を務めていたので、この体制では自己監査になります。全体として監査委員会による監視が効かないガバナンス体制になっていたのです。

「社長月例」と「チャレンジ」

東芝では「社長月例」という全社月例報告会が行われていました。これは各カンパニーなどが業績の実績や見込みなどを社長に報告する会議です。この会議で社長から各カンパニー幹部に予算必達への「チャレンジ」のプレッシャーがかけられていました。各カンパニーはこれに応じるため利益をかさ上げする不正を行っていたのです。

日本経済新聞は「建設的な議論の場であるはずの社長月例がチャレンジを強いる場へと変質した」としています。不正会計の原点ともいえる社長月例には、社外取締役は出席していません。この点でも社外取締役の監視が効かないガバナンスになっていました。

経営監査部

調査報告書に戻ると、コーポレート部門には経営監査部があり内部監査の機能を担っていますが、社長が所管していました。これはよくある形態といえますが、社長が不正に関与しているような案件には内部監査が機能しません。

実際のところ、経営監査部は業務監査が主業務で、会計監査業務をほとんど行っていませんでした。また経理に精通した部員が少なかったとも指摘しています。このような体制は所管している社長が敷いていることになります。

3つのディフェンスライン

一連の不正会計は経営トップの関与などによって、各カンパニーで組織的に行われていたとされています。カンパニーのトップが不正に関わっていると、カンパニー経理部からの監視が効きません。また経営トップが不正に関わっているので、経理部の担当者が内部通報してももみ消されてしまうでしょう。

カンパニー経理部は第1のディフェンスラインです。東芝の業績評価がカンパニー単位で行われていることを考えると、カンパニーの業績が経理部の評価に反映されます。つまり、経理部がカンパニーと同じリスクをとっているのです。

ほとんどの会社の経理部は本部にあり、事業部門とは独立した組織になっているはずです。事業部門でのミスが起きないように監視するには、経理部は第2のディフェンスラインであるべきだからです。この節のはじめに東芝の財務会計に関する体制図を示しました。経理部がカンパニーの中に置かれている体制は、東芝のリスクマネジメント体制の脆弱さを象徴しているといえます。みなさんの会社は大丈夫でしょうか。

第2のディフェンスラインはコーポレートの財務部とリスクマネジメント部です。報告書では、不正会計を認識していた財務部担当者が適切な対応をとらなかったとしています。またCFO（Chief Financial Officer、財務担当責任者）が不正に関与している案件もあり、それについては財務部による内部統制が効きません。

一方、リスクマネジメント部はカンパニーの財務報告のチェックをしていなかったとしています。第2のディフェンスラインが2部署あったことになりますが、本件については機能していなかったといえます。

第3のディフェンスラインは経営監査部ですが、これも前述の通り経理の監査をしていません。見事なほど、3つのディフェンスラインが効かないリスクマネジメント体制になっていました。

東芝は指名委員会等設置会社という立派なガバナンス体制をとりながら、外見と中身がまったく異なる経営が行われていたことになります。そしてリスクマネジメント体制は骨抜き同然といえます。本書第1部の他社の事件以上に深刻な状況だったといえます。これでは従業員は不正に気付いても適切な行動をとることができません。

外部監査

監査法人による監査は外部からの監視機能になります。調査報告書は「監査法人の監査で問題点が指摘されず、外部監査による統制が効かなかった」としています。その原因として以下が示されています。

- 問題となった事案の多くは会社内での会計処理の意図的な操作だった。
- 会計監査人からの質問や資料要請に対して事実の隠蔽があった。
- 事実と異なる資料で説明された。

この調査は会計監査の妥当性の評価を目的としていないことから、監査法人の関与については調査の対象外としています。

日本経済新聞はコンプライアンスに詳しい弁護士のコメントで「東芝の隠蔽の仕方が巧妙だったとはいえ、何年も見抜けなかったのはプロとは言えない」としています。前に書いたように、会計上の利益とキャッシュフローとの乖離が続いていたことからも、うなずけるコメントです。

【第三者委員会調査の問題】

第三者委員会は2015年5月に設置され、調査報告書は7月に公表されました。報告書は300ページ近くもあり、これを2か月で調査してまとめるには大変な労力が必要だったと考えられます。

しかしながら調査報告書をリスクマネジメントの視点で読むと、原因分析の項にはいくつかの陳腐な指摘がみられます。これを「経営者の不正はリスクマネジメントの限界を超えている」ということを念頭において考えてみましょう。

リスクマネジメントの限界

本件は社長から執行部門のトップらが不正に関わっているので、リスクマネジメントの限界を超えている典型的な事例です。仮に担当者レベルで不正処理の疑いを抱いても、それを指摘することや上司に相談することは無理です。

調査報告書の第7章では、「財務部担当者が適切な対応をとらなかった」としていますが、「とらなかった」のではなく、「とれなかった」のではないでしょうか。また「リスクマネジメント部はカンパニーの財務報告のチェックをしていなかった」とも指摘していますが、「しなかった」のではなく「できなかった」はずです。

さらに「内部通報制度が十分に活用されなかったこと」を不正が起きた原因の1つにしていますが、これも無理があります。本件に関する内部通報が真摯に取り上げられるはずがないからです。これらの指摘は経営陣の責任を従業員に転嫁しているかのようにみえます。

とくにひどいのは、「東芝には経営トップが関わる組織的な不正会計を想定したリスク管理体制が見当たらない」としているくだりです。リスクマネジメントの方針は経営者が決めることなので、自分の首を絞めるようなリスクマネジメントをする経営者はめったにいません。これが「経営の不正はリスクマネジメントの限界を超えている」としたことの意味です。不正会計を防止できなかった要因は、リスクマネジメントの不備というより経営の暴走ですから、このような指摘は表面的で違和感を覚えます。

あいまいな原因分析

本書で取り上げた他の事例にみられるように、第三者委員会の調査報告書では「誰が誰に何を指示したか」「誰が何をしたか」といった事実が解明されているのが普通です。しかし東芝の調査報告書には、「経営トップらの関与」といったあいまいな文章が多く、まるでモザイクがかかっているように見えます。

不正会計によって有利な条件で資金調達し、投資家を欺いていたことは、金融庁からの課徴金の理由の1つでした。この件について、調査報告書はまったく触れていません。

第三者委員会による調査とはいえ、東芝の委嘱によって組織された委員会が行う調査ですから、ステークホルダーのために行われているとは限りません。実際のところ、調査報告書の第1章では「東芝役職員の任意の協力」を前提として、「東芝のためだけに行われた」と明記されています。

第三者委員会ガイドラインに照らすと…

日本弁護士連合会では、企業などで不祥事が発生した場合の原因調査と再発防止策の提言のため、第三者委員会ガイドラインを制定しています。その一部を抜粋します。

①ステークホルダーに対する説明責任を果たす。
②企業等から独立した立場でステークホルダーのために、中立・公正で客観的な調査を行う。
③企業等による十分な協力を得られない場合や妨害行為があった場合には、それを調査報告書

に記載できる。

これに照らし合わせると、東芝の第三者委員会調査は「東芝のために」行われており、ステークホルダーのためではありません。また「役職員の任意の協力」の範囲に限られた調査なので、日弁連が意味する第三者委員会とはずいぶんへだたりのある委員会だとわかります。

格付けグループによる批判

日本経済新聞によると、弁護士から有志のグループがこの報告書を「会社からの独立性が乏しく、第三者委員会報告書とはいえない」と厳しく評価しました。そしてウエスチングハウス（WH）の減損損失や監査法人問題などを調査からはずしたことなどを問題視しています。

東芝の第三者委員会報告はステークホルダーが期待する内容には至っていませんが、前述のガイドラインは公的な基準ではないので、こういうケースもあるということです。とはいえ、この調査報告書で東芝のブランド力を回復できるとは思えません。

【役員責任調査の問題】

その後、役員責任調査委員会が9月に設置されました。第三者委員会調査報告に基づき、不正会計に関与した役員たちの責任と損害賠償請求の可否を判断するためです。委員会は3人の社外弁護士で構成されました。

「圧力に従った執行役員の責任は問えない」

責任調査委員会の報告書は、第三者委員会調査で不適切とされた個々の事案について損害の実態や責任原因を分析しています。

東芝の損害については、東芝が無用に支払わされた課徴金などに加え、金額で評価できない損害として東芝が社会から信用を大きく損ねたことを挙げています。また会社法と国内会計基準、米国会計基準に基づき、次のような責任原因を分析しています。

・善管注意義務
・公正な会計慣行を遵守すべき義務
・監視・監督義務
・内部統制システム義務

その内容は本書の範囲を超えているので省略しますが、結論としては、元社長3人と元CFO2人の5人に善管注意義務違反があったとしました。そして他の社外取締役や執行役員の責任は問えないとしています。

プレッシャーをかけた社長らに責任はあるが、同じ会議の席にいた取締役や、監視機能がなかった社外取締役、圧力に従った執行役員たちには法的な責任を問えないという結論です。これは会社側が提訴するための調査結果なので、社会通念上の責任論とは違うかもしれません。

善管注意義務違反

カンパニー社長が自分の業績を上げるために不正会計を行い、社長らがそれに気づかなかった場合は善管注意義務を怠ったことになります。

本件は社長がプレッシャーをかけた結果、カンパニーで不正に利益をかさ上げしたわけですから、これは善管注意義務違反だけで済むのかが気になります。

不正会計によって有利な社債発行をしたことは詐欺のようなものだという意見も多く聞かれます。この調査は東芝が被った損害とその責任を明らかにすることが目的です。東芝は社債発行でむしろ得をしているはずなので、その問題については調査されていません。

社債や株式の損害については投資家が訴えるべき案件なのでしょう。その結果、損害賠償を支払うことになれば、あらめて旧経営陣にその支出にかかわる損害賠償を求めればよいという考え方なのかもしれません。

あまりにも表面的な再発防止策

第三者委員会の報告書に戻ると、再発防止策は直接原因と間接原因に分けて次のように提言しています。

①　直接的な原因の除去

・不適切な会計処理に関与などした経営陣の責任の自覚
・関与者の責任の明確化
・経営トップの意識改革
・企業の実力に即した予算の策定と「チャレンジ」の廃止
・企業風土の改革
・会計基準全般の見直しと厳格な運用

「関与者の責任の明確化」は責任調査委員会による調査と旧役員たちへの損害賠償訴訟によって実施済みです。そのほかの防止策は具体的な効果や検証方法がわかりにくい印象を持ちます。

たとえば「企業の実力に即した予算の策定」は、旧ソ連のような計画経済社会でなければ意味がありません。身の丈に合わせた予算を立てても、達成困難な事態にさらされることはよくあることです。本書の第2部第5章で説明しますが、一度でも経験したことはリスクマネジメントの対象です。したがって予算達成が苦しいときに、社長がカンパニーに予算達成のプレッシャーをかけるときを想定した対策が必要です。このことからすると、「チャレンジの廃止」はあまりにも表面的な施策にみえてしまいます。

② 間接的な原因の除去

・ハード面からの再発防止策（強力な内部統制部門の新設、取締役会による内部統制の強化、監査委員会による内部統制の強化、内部通報窓口の活用）

・ソフト面からの再発防止策（社外取締役の増員及び構成員の見直し、適切な人事ローテーション）

「強力な内部統制部門の新設」とは内部監査部を強化し、社外取締役を内部監査部の統括責任者にする方策で、これは有効かもしれません。

元の社外取締役には有名な経営学者がいましたが、リスクマネジメントや財務の専門家ではなく、経営戦略や技術経営の専門家でした。このような人は執行部門（各カンパニーレベル）の戦略顧問のような役割に向いていますが、経営の監視・監督には向いていません。

「監査委員会による内部統制の強化」は、社外取締役を監査委員会の委員長とし、監査委員会に財務経理に強いスタッフをおいて体制を強化する方策です。人選次第では効果的かもしれません。

【内部管理体制の改善報告】

これまでみてきたように、第三者委員会調査と役員責任調査にはそれぞれ問題があり、東芝は本当に更生できるのかと心配になってしまいます。それに加えてＷＨ社の破たんや債務超過などの厳しい局面に立たされています。

この混乱の中で、内部管理体制の改善報告が２０１７年10月に公表されました。これはメディアで小さく扱われたので見落としがちですが、これに気づいていなければこの章は後味の悪いまま終わるところでした。東芝はこれまで一貫して「不適切な会計処理」という表現を使っていましたが、この改善報告書では「不正会計」という言い方に改めています。そしてガバナンス、内部統制、リスクマネジメント体制などについて具体的な改善策が示されました。

改善報告の第４章には改善策の内容と実施状況が示され、経営体制の強化やガバナンスの強化などについて書かれています。この事件はガバナンスに最も重大な問題があったので、ガバナンスに関する改善策をいくつか紹介します。

① ガバナンスの強化

取締役会の機能を執行に対する監視・監督であることを確認し、取締役会の議長を社外取締役にします。そして取締役の過半数を社外取締役にします。

② 指名委員会の牽制機能

指名委員会は独立社外取締役のみで構成し、社長の後継者計画の策定と社長の信任調査などを行うとしています。これによって、社長の選定プロセスの透明性を高められるとしています。そして約100人の経営幹部に対して社長の信任調査を行い、社長の選定のときの参考にするとしています。この仕組みによって、従業員から社長への監視が効くようになります。

③ 監査委員会の監視機能

これまではCFOが監査委員長を務めていたので自己監査になっていました。それを絶つため、監査委員会を5人程度の独立社外取締役のみで構成することにしました。これによってガバナンスに対する監視・監督態勢を強化するわけです。そして事業リスクだけでなく、会計・財務リスクも含めたリスク評価を行うことにしました。

そして内部通報窓口を執行側だけでなく、監査委員会にも置くことにしました。今回のような不正に対して、社外取締役に直接通報できるルートを作ったことの抑止効果は大きいと思います。また執行側に通報されたときもその内容を全監査委員がアクセスできるようにしています。これによって内部通報がもみ消されにくくなります。もちろんこの仕組みは社外取締役の独立性が実質的に確保されていることが前提です。

内部通報に関しては、別の項で匿名性を厳格に守るべきとしています。

④ 内部監査部の独立性

従来の経営監査部を廃止し、内部監査部を新たに作りました。内部監査部は監査委員会の直轄組織とし、監査委員会が同部部長の異動に関する請求権と同意権をもちます。これによって内部監査部の独立性を高めます。

⑤ 予算統制の見直し

当期利益至上主義をあらため、中長期的な視点での予算策定方針を明確にするとしています。カンパニーの予算策定方法や業績評価の見直しを行いました。

⑥ キャッシュフローベースの業績報告

チャレンジの場となった社長月例を廃止し、キャッシュフローで業務報告を行う業績報告会を新設しました。前述したように、会計上の利益と違ってキャッシュフローは操作しにくい指標です。第6章の椿本興業事件で、循環取引ではキャッシュフローがマイナスになることを説明しました。したがってキャッシュフローベースで業績を管理していれば、循環取引の抑止にも効果があります。

以上は改善報告の一部にすぎませんが、①②③④は指名委員会等設置会社のあるべき姿として参考になると思います。ほかにもコンプライアンス研修の充実や、ビジネスリスクマネジメント体制の整理など、具体的な改善策が数多く示されています。これらの対策によって従業員のやる気が戻ると、東芝は生まれ変わりそうな気がします。

●参考資料

金融庁：東芝に係る有価証券報告書等の虚偽記載に対する課徴金納付命令の決定について、2015年12月25日
東芝：プレスリリース、2003年1月29日
東芝第三者委員会：調査報告書、2015年7月20日
東芝：新経営体制、ガバナンス体制改革案及び業績予想について、2015年8月18日
東芝役員責任調査委員会：報告書、2015年11月7日
東芝：内部管理体制の改善報告、2017年10月20日
日本弁護士会：企業等不祥事における第三者委員会ガイドライン、2010年12月17日
日本経済新聞：2015/5/23, 2015/9/7, 2015/11/8, 2015/11/27, 2016/1/28, 2017/3/30, 2017/7/27

9 企業不正事件のまとめ

表は第1部で取り上げた企業不正事件をまとめたものです。これをみると経営者の圧力によって現場が不正に走るケースが多いことがわかります。また組織間の独立性が弱いことで、組織間の牽制・監視が効かず、不正が発覚しないケースが多いこともわかります。3つのディフェンスラインの独立性の欠如や内部統制の不備については、どの事件にも問題があったことになります。

	オリンパス	東芝
	2011	2015
	財務・取締役	取締役・カンパニー
	不正会計	不正会計
	損失隠し	利益のかさ上げ
	内部告発した新社長を解任	社長によるチャレンジ
	監査役が社内監査部を支配	部署間の監視機能が全社的にマヒ
	3つのDLが機能しないように支配されている	第1DLが機能していない。第2・第3DLが効かないように支配されている
	不正関与者が取締役・監査役を務める。内部通報しにくい制度	ガバナンスと内部統制が無効化されている

＊）神戸製鋼所については暫定的な評価

企業の不正事件とその構造

	東洋ゴム	富久娘酒造	神戸製鋼所*	JX水島製油所	三菱自動車	椿本興業	
発覚(年)	2015	2013	2017	2012	2016	2014	
不正の部署	開発	製造	検査	検査	検査	営業	
不正の内容	性能偽装	表示偽装	強度偽装など	虚偽検査	燃費不正	循環取引	
主な要因	開発力不足	技術力不足	技術力不足	稼働率向上	開発力不足	欲利	
経営者の圧力		稼働率向上、原料米の指定	収益評価に偏重	稼働率向上	燃費目標の引き上げ		
組織間の独立性	組織的には独立していたが、製造部門の支配力が強い		他部署の検査データを書き換え可能なシステム	設備管理部門が検査と補修を担う	検査・監査機能が開発本部内にあった	受注・仕入・検収・支払・売上・回収に担当者が関与	
3つのディフェンスライン(DL)	第1・第2DLが機能していない	第1・第2DLが機能していない	第1・第2DLが機能していない。監査機能の欠如	第2DLであるべき検査部署が収益責任を担い、不正を行った	第1DLが不正を行った第2・第3DLに牽制機能がない	第1DLが機能していない。第2DLが不在	
内部統制	各部門での検査データを共有していない	原材料使用を監視していない	改ざん・ねつ造が可能な検査プロセス	コンプライアンス意識が低い。本件に関する情報開示が不透明	内部通報が活かされない	受発注・検収などの自己決裁。人事異動が少ない	

第2部

クイズ形式で学ぶ
リスクマネジメントの基本

第2部ではリスクマネジメントの基本を説明します。一般的なリスクマネジメントの教科書はＩＳＯ３１０００などに準拠して、社内にリスクマネジメントを導入・展開する方法論を解説しています。しかし、これは経営者が社内に展開するものなので、経営者の不正はリスクマネジメントの対象外になってしまいます。本書は企業の内部不正を防ぐことを主題としているので、経営者の不正に際して、どのように対応ができるのかということも考えます。

そのために、リスクマネジメントの方法論を早わかり的に説明するのではなく、経営者や従業員の立場で、素朴に感じる疑問を考えながら話を進めていきます。これらの内容を第１部の不正事件の原因や再発防止策と関連付けて読むことで、リスクマネジメントの基本的なポイントを実践的に理解できると思います。

1 リスクマネジメントと経営判断

Q 動物園のリスクマネジメント、正しいのはどっち？

まずはじめに、動物園の園長がリスクマネジメントを始めるときのケースを考えてみましょう。この動物園は株式会社とし、社長は園長も兼務しているとします。

詳しくは第4章で述べますが、リスクマネジメントの目的は企業価値の維持・向上です。

園長の方針は「動物の体調管理のため、動物舎の掃除をこれまで1日1回だったのを2回に増やす」です。掃除の回数を増やせば動物の健康によいでしょうし、見た目も綺麗になるので、来園者の満足度が高くなります。

これは飼育員にとっては仕事が増えるので大変です。逆に「ライオンの檻が古くなったので修理してほしい」と園長に訴えました。檻を修理すれば脱走されるリスクがなくなるので、飼育員も来園者も安心できます。

しかし、園長は飼育員の要望には反対です。「修理にお金を使うのはもったいない。ライオンに脱走されないように、見張りをしっかりやればよい」と考えているからです。修理代に使うお金は目に見える形で戻ってきません。逆に、掃除を2回に増やす案は見た目にはお金がかからないので、いつでも始められます。

このようにリスクマネジメントにはお金や手間がかかり、経営者と従業員では優先したいことが必ずしも一致しません。お客は2つの案を両方やってほしいでしょうから、お客と動物園側の利害も一致しないのです。

【リスクマネジメントの好きな人はいない】

どのような会社でもリスクマネジメントには手間やコストがかかるので、導入は容易ではありません。

手続きが増えると従業員の仕事は増えて生産性が下がり、ストレスは増えるばかりです。

経営者にもリスクマネジメントに後ろ向きの人がいるはずです。経営者が無理な利益目標を従業員に負わせることはよく聞く話です。不可能な目標を達成するために、従業員は品質検査をごまかすか、サービス残業などで頑張るしかありません。

第1部の企業不正の事例では、経営者の圧力が不正の原因になっているケースがほとんどです。リスクマネジメントをしっかりやることは、この手の経営者が居場所を失うことにつながります。リスクマネジメントによって、今まで通用してきたやり方が許されない場合も出てきます。これは経営者にとっても従業員にとっても不都合なことかもしれません。

もちろん株主からの圧力も無視できません。株主から「リスクマネジメントにコストをかけるゆとりがあるなら、利益や配当を増やしてほしい」と言われるかもしれません。この後で説明しますが、株主は会社にリスクマネジメントを求めていないことがあるのです。

取引先からも「リスクマネジメントはしなくてよいので、価格を下げてほしい」と言われるでしょう。

程度の差はあるにしても、リスクマネジメントを始めるときは、さまざまな立場の人たちとの利害関係が現れます。新しい事業に取り組むとき社内のムードは

リスク管理を取り巻く勢力

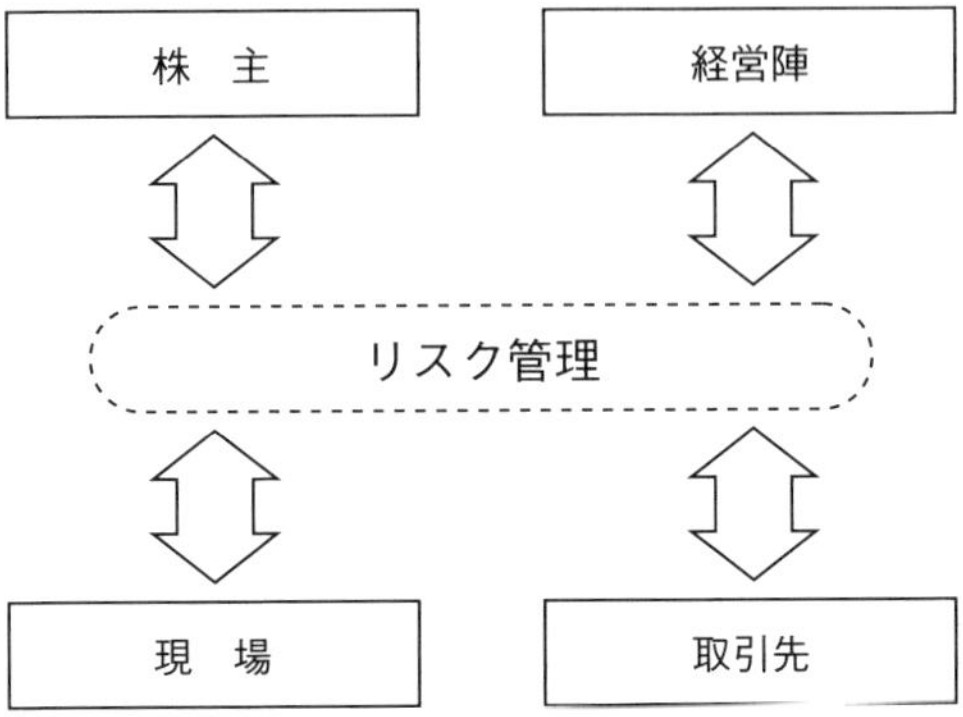

盛り上がりますが、リスクマネジメントでは逆のムードになりそうです。

【株主はリスクマネジメントを求めていない】

「株主は会社にリスクマネジメントを求めていない」とはよく言われていることです。この意味を、動物園の例に戻って考えてみましょう。

動物園は天気がよければお客がたくさん来て、たっぷり儲かりますが、雨の日はお客がガタ減りです。売上は天気次第、つまり雨リスクは重要な経営課題です。

園長は経営を安定させるため、園内の通路に屋根を設置する計画を立てました。雨の日でも、ある程度のお客が見込めるようになるからです。真夏の炎天下には日陰にもなるので、お客はきっと喜んでくれるでしょう。屋根を作れば売上は安定しますが、建設と維持のコストがかかるので、ローリスク・ローリターンの経営スタイルになります。

ところが動物園の株主がハイリスク・ハイリターン型の投資家だったら、この計画に大反対です。コストをかけずに、今まで通りの利益を出してくれほうがよいと考えるでしょう。「自分が動物園の雨リスクをとるから、園長は余計な金を使わなくてもよい」というわけです。株主が会社にリスク管理を求めていないとは、このような関係のことをいいます。つまり投資家にはハイリスク・ハイリターン好みの人や、ローリスク・ローリターン好みの人がいて、そのリスク選好度が経営者の考え方と合わないことがあります。リスクマネジメントの方針で株主と経営者の利害が対立することは少なくありません。

【所有と経営の分離】

株主は会社の所有者であり、経営者は株主から経営を委託されている関係です。所有と経営の分離という関係を覚えておきましょう。

動物園は社長（園長）の責任で経営されるので、株主は経営の中身までは口出しできません。つまり園長は自分の判断で屋根を設置できるはずです。ところが株主は株主総会で取締役を決めることができるので、荒ワザを使って、園長を自分の意に従う人に変えることができます。善良な経営者は株主とリスクマネジメントとの間で板挟みになることがあるわけです。

【リスクマネジメントは会社の義務か】

株主は利益重視で経営者にプレッシャーをかけてきます。経営者も従業員もリスクマネジメントに後ろ向きの人は少なくありません。これがリスクマネジメントの最初の壁ですが、この壁を乗り越えることはできるのでしょうか。

1つの方法はリスクマネジメントのプラスの効果をアピールすることです。2000年代前半に企業リスクマネジメントが広がり始めたころは、この考え方が多かったように思います。「利益を最大化するリスクマネジメント」といったコンセプトがよく使われていました。

筆者はビジネススクールでリスクマネジメントの講義を担当してきました。ビジネスパーソンたちにとって、「いかに売れるものを生むか」といった講義は人気があります。しかしリスクマネジメントを最優先で聞きたいという人はまずいません。儲かって笑いが止まらないような会社なら、次に行儀のよい会社を目指すこともあるでしょうが、ほとんどの会社にそんなゆとりはありません。

それで「利益を最大化するリスクマネジメント」というキャッチを使ったこともありますが、どことなく無理がある気がしました。その手の本を読んでも、「お行儀のよい会社を作るべきだ」という理想論の印象が強く、経営者やビジネスパーソンを動かせるほどの迫力があるかというと疑問です。

その後、会社法が改正されて内部統制（リスクマネジメントも含む）が取締役会の専決事項になりました（会社法362条など）。とくに大会社（資本金5億円以上か負債総額200億円以上の株式会社）では、内部統制を整備しなければなりません。この内容は法律に詳しい人でないと解釈が難しいところですが、以下では「リスクマネジメントや内部統制の整備は取締役会の責任」として進めていきます。

【リスクマネジメントの最高責任者は誰か】

多くの人にとってリスクマネジメントというと、ミスや事故を減らすといった現場の課題を思い浮かべるのが普通です。しかし、ボトムアップでリスクマネジメントを築き上げることは実現が困難です。というのは、リスクマネジメントにはコストや作業負担が増えることがあり、収益を圧迫しかねないからです。リスクマネジメントの費用対効果は経営者が判断することです。

従業員にしてみれば、「上から決めてくれなければ動けない」ともいえます。

また利益を何に使うかという問題は経営上の課題です。つまり配当か、成長のための投資か、あるいはリスクマネジメントに充てるかという選択問題は、経営者が考える課題なのです。このような理由から、リス

会社の利益の使い道

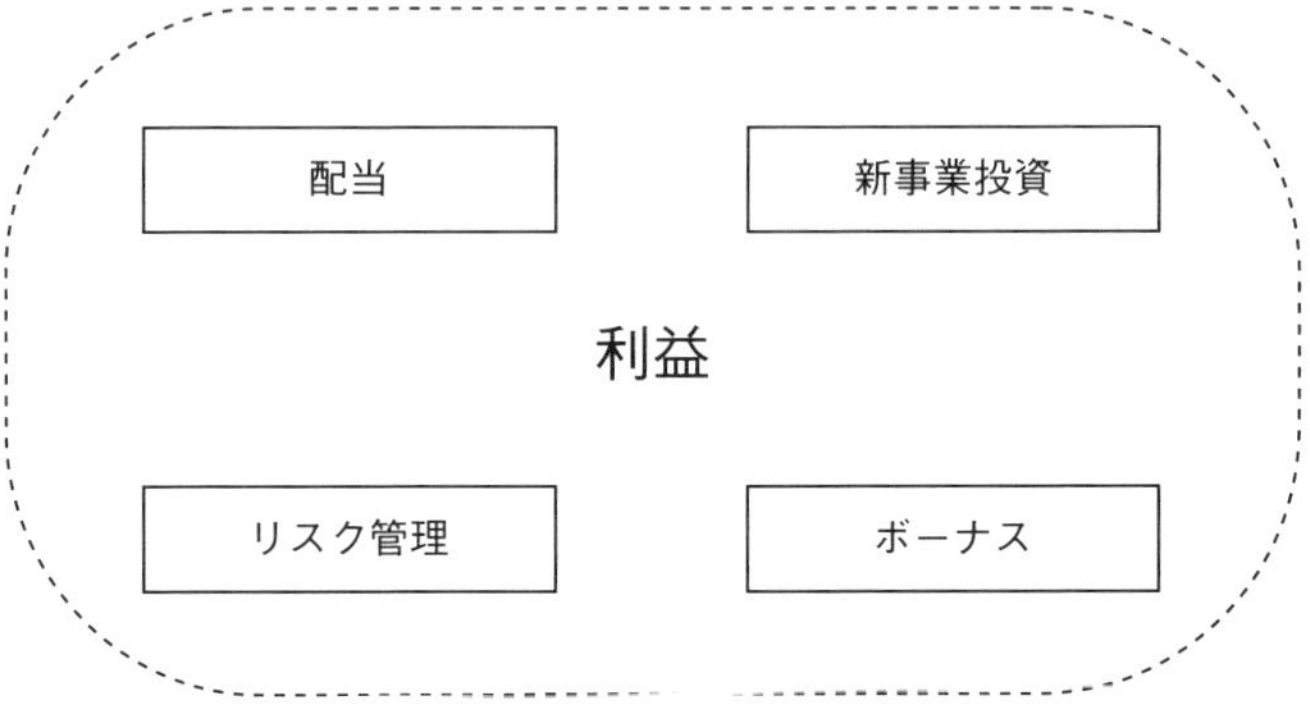

クマネジメントは経営トップ（取締役会）が中心にならないと前に進みません。

動物園のケースを思い出してみましょう。この動物園は檻の老朽化の問題や、雨リスクがあります。園長がコストやリスクを総合的に考え、「コスト増で利益が少し減っても、経営の安定を重視させたい」との理由で屋根の設置を優先したとします。飼育員はライオンの檻を修理してほしいのですが、どちらを優先するかは園長が決めることです。飼育員はリスクマネジメントの提案はできますが、方針を決めることはできません。リスクマネジメントの方針は経営者が決めるということがわかります。

その後、もしライオンが脱走して大事件になると、園長のリスクマネジメント方針が問われます。檻の安全性より利益を優先したことを批判されるかもしれません。経営判断とリスクマネジメントは表裏一体の関係になっているのです。

【リスクマネジメントは誰かに委任してもよいか】

リスクマネジメントは取締役会の仕事だとわかりましたが、取締役たちがみな忙しいと、それどころではないかもしれません。そこでＣＲＯ（Chief Risk Officer、リスクマネジメント担当責任者）にリスクマネジメントのすべてを任せてはどうかと、取締役たちが言い始めたとしましょう。つまり、「ある取締役をＣＲＯに任命し、リスクマネジメント体制の整備をその取締役に委任する」ということです。

本当にそういう体制にしてもよいのでしょうか。

会社では権限移譲の規定によって、社長の権限を他の役員や部長に移譲することができます。したがってリスクマネジメントをＣＲＯに権限移譲することも、社内手続き的にＯＫのようにみえます。しかし会社法はこのような抜け道をふさぐため、リスクマネジメントを取締役に委任できないと定めています。（会社法３４８条）

結局のところ、リスクマネジメント体制の整備は取締役会の責任なのです。わかりやすい言い方として「リスクマネジメントは経営の最上位課題」といいます。

2　リスクマネジメントの体制

この章では、コーポレートガバナンスの観点でリスクマネジメント体制を考えます。コーポレート・ガバナンスの意味を一言でいうなら「ステークホルダーとの関係を考えた会社経営」のことです。この場合の「ステークホルダー」は株主寄りの意味合いを持ちます。

内部統制とコーポレートガバナンスの違いも、わかりにくいかもしれません。これも簡単に言ってしまうなら、「内部統制は従業員の暴走を止める仕組み」で、「コーポレートガバナンスは経営者の暴走を止める仕組み」といえるでしょう。内部統制は社内規則・規程だけでなく、組織の作り方も含みます。

ガバナンスや内部統制がリスク管理にどのように関わってくるかを感じ取るために、次の問題を考えてみてください。

Q 経理係をどこにおきますか?

A社は大阪に本社があるソフトウェア開発会社で、東京にも事業部があります。大阪には本部以外に開発1部とコンサル1部があります。東京事業部には開発2部とコンサル2部があり、東京事業部長はこの2つの部を束ねる責任者とします。

各部署では委託業務の支払いや、納品案件に関する請求などの経理処理が発生します。経理部は大阪本社にあるので、東京事業部ではいくつかの不便がありました。そこで東京事業部長は事業部内に経理係をおくことを会社に提案しました。これは図のような組織になります

しかし社長は次の図のような形なら認めるという考えでした。つまり東京拠点を支社に格上

A社の組織体制：東京事業部長案

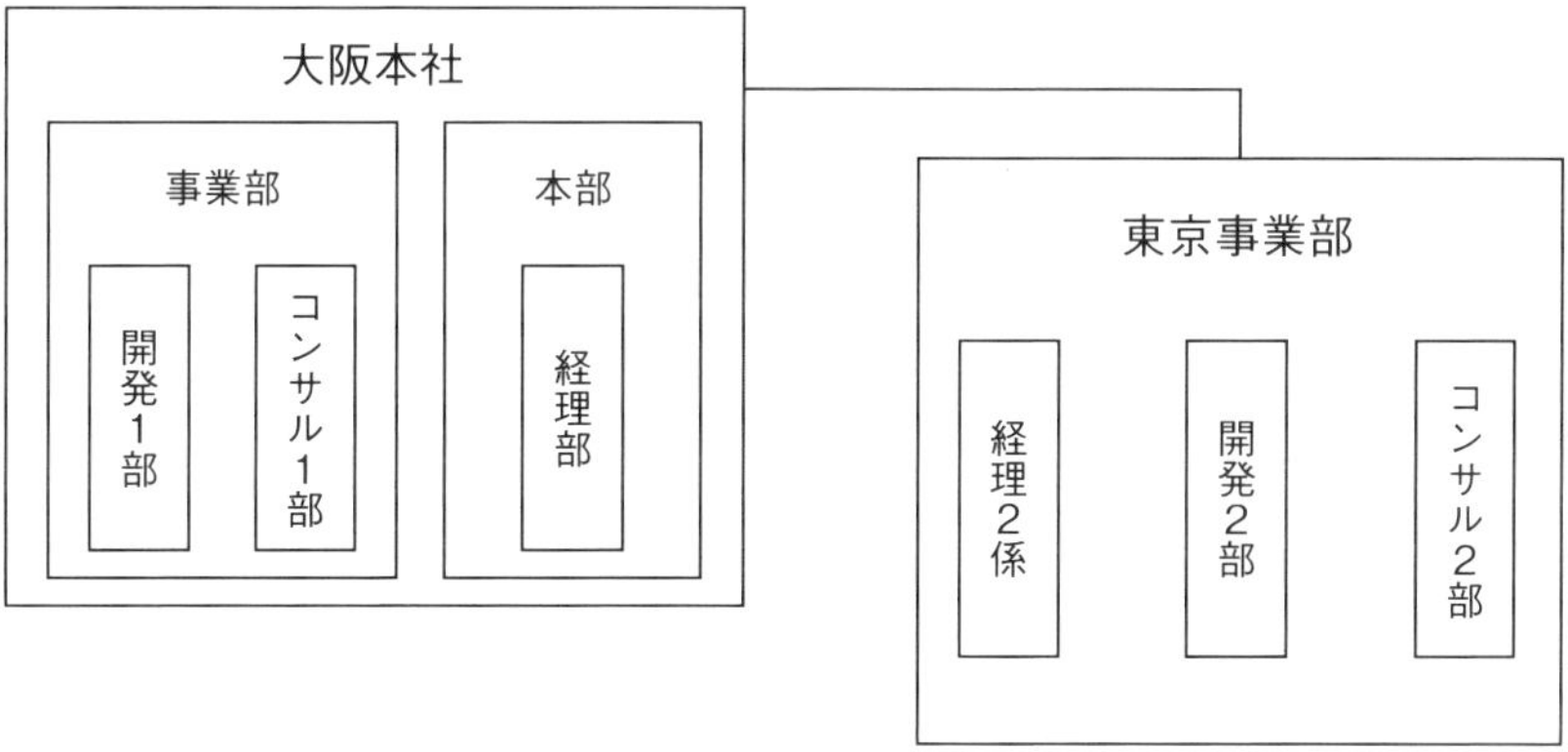

げし、本社経理部の直轄組織として経理2係をおくというものです。この方法は支社長のポストが増え、本部機能の肥大化につながることにもなります。それに東京事業部長は支社長の配下になるので、今までよりもやりにくくなるかもしれません。

このようなケースで私たちは効率性の軸で判断することが多く、リスクマネジメントの視点を見落としがちです。はたしてどちらの案がよいのでしょうか。

答えは第1部で取り上げた東芝事件のカンパニー制度の中にあります。

【企業不正事件の主な要因】

第1部でさまざまな企業の不正事件を取り上げましたが、これらの事件には経営陣や内部統

A社の組織体制：社長案

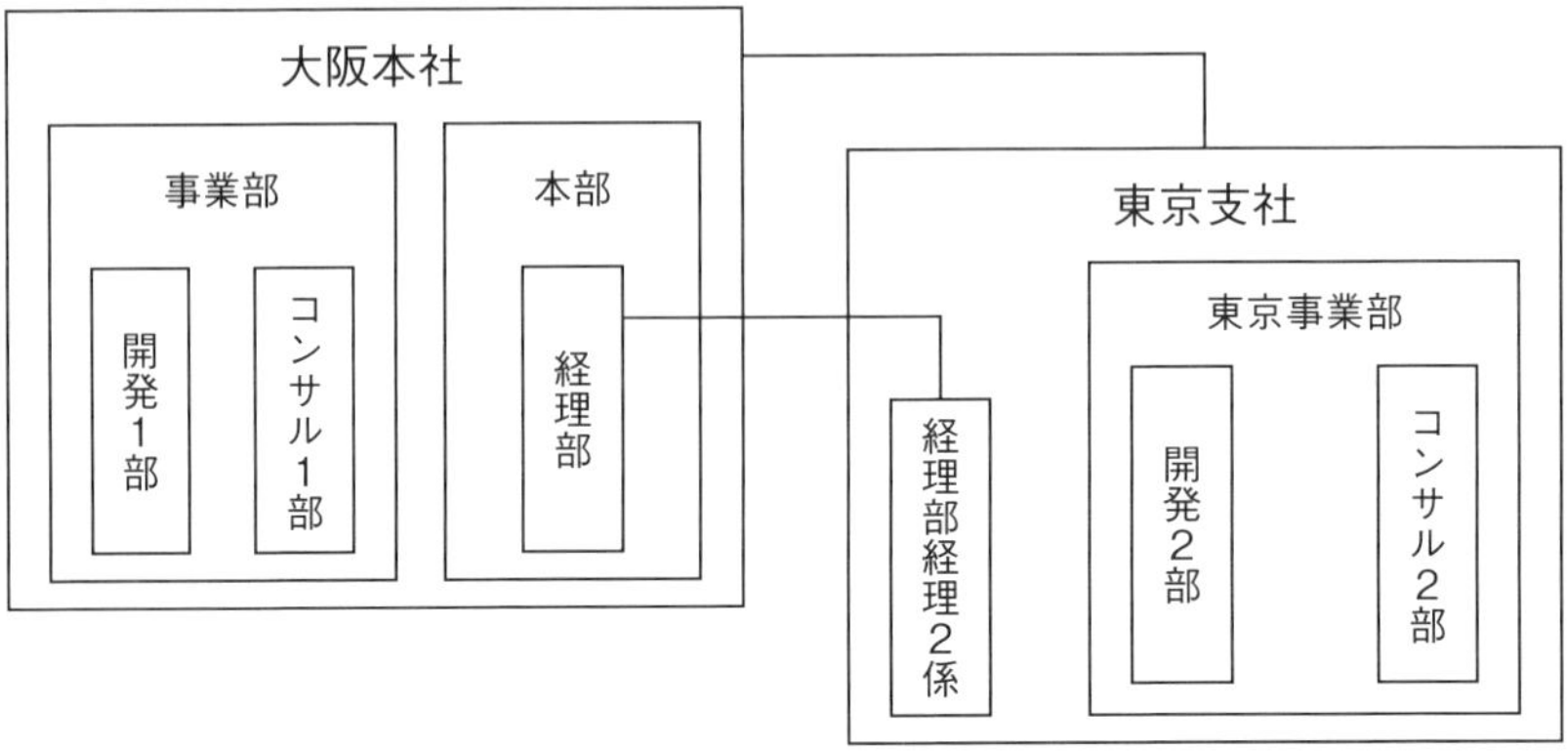

制の重大な問題がありました。それを内部統制やリスクマネジメントの視点でまとめると次のようになります。

① 経営者の圧力と監査役の機能不全

経営者の圧力とは、経営者が現場に無理な性能目標や経営目標を負わせることです。経営者から無理な目標を押し付けられた従業員は、監査役に相談するという手があります。

しかし日本の会社は、前の経営者や社長の言いなりになる人が監査役に納まっていることが多く、相談に行っても逆に説教されるだけかもしれません。これが日本固有の監査役の問題として、海外投資家からガバナンスの不透明感を指摘される理由といえます。

第1部のオリンパスや東芝の事件のように、経営者が不正の当事者になっていると、さらに困難なケースになります。

② 内部統制の抜け穴

検査部門での不正は、検査部門が製造部門の圧力に屈して起きる場合があります。あるいは検査部のデータのセキュリティ不足から、他部署が検査結果を改ざんしてしまう場合もあります。このように各部門の独立性が十分確保されていないと不正が起きやすくなります。

また発注・調達・検収の担当部署が独立していないと、機械を発注する人が自分で注文を出して検収できるので、カラ発注が可能になります。これを悪用してキックバックを受け取ったり、循環取引が行われたりします。

これらは組織の独立性が保たれていないこと、つまり内部統制に抜け穴があることに原因があり、第1部のすべての事例にみられる不備です。

③ 3つのディフェンスラインの不備

これについては後で詳しく説明します。

④ 内部通報制度の不備と限界

内部通報制度があっても、社長や幹部の不正はもみ消されるので機能しません。また通報制度があっても、情報提供者の名前を公表するような社内ルールになっていると、誰も通報しません。嘘のような話ですが、名門企業で実際にあった話です。第1部のオリンパス事件を思い出してみましょう。

⑤ 固定的な人事配置

同じ人が同じ職場に長年いると組織内や取引先との癒着が生まれやすくなり、不正が起き、発覚しにくくなります。第1部では東洋ゴム、富久娘、椿本興業、オリンパスの事件がこの例です。

⑥ 技術力不足

技術力不足とは、たとえばライバル社並みの性能（燃費など）が目標設定されたものの、技術力不足でそれを達成できない状態です。無理な目標を達成するため、検査をごまかし、不良品をパスさせてしまうようなことが起きています。

第1部では東洋ゴム、富久娘、神戸製鋼、三菱自動車の事件がこの例です。

どれも扱いが難しい問題ばかりですが、どの会社でも起こり得る話ではないでしょうか。これを改善するには会社レベルでの対応が必要です。コンプライアンスの強化といった対策では効果が可視的に検証できませんが、①と⑥以外は可視的に改善できるはずです。経営者の問題はガバナンスの問題なので困難な課題ですが、それ以外は取締役会の責任で整備すべきリスクマネジメントの課題といえます。

【コーポレートガバナンスの形態】

上場（株式公開）大会社のガバナンス形態には次の3タイプがあります。これを監査役（委員）の機能の違いを中心に説明します。第1部の事例では多くが①のタイプで、東芝が②、神戸製鋼が③でした。

① 取締役会＋監査役会＋会計監査人 （監査役会設置会社）

このタイプは監査役会設置会社と呼ばれ、監査役がいる会社です。監査役は半数以上が社外監査役であることが必要です（会社法３３５条）。

監査役は取締役を監視し、自分で業務や財務を調査します。つまり、内部監査部の部員を使って調査する権限がないので、仕事の内容には限界があります。あとで詳しく説明しますが、監査役会設置会社は日本固有の制度で問題が多く、海外投資家からは評価が低いのです。

２０１７年時点では、国内上場企業のうち90％以上が監査役会設置会社です。

② 取締役会＋３委員会（指名、監査、報酬）＋会計監査人 （指名委員会等設置会社）

これは指名委員会等設置会社と呼ばれる形態で、米国型のガバナンス制度です。この場合は監査役会ではなく監査委員会があります。監査委員会は取締役会の中にあり、委員は取締役と執行役を監視します。つまり監査委員会は取締役が務めているので、内部監査部の部員を指揮して調査を行うことができます。このことから、監査委員のほうが監査役より強い権限を持っています。

監査委員会の監視が効くように、監査委員は過半数が社外取締役でなければならないことやその他の制限が会社法（４００条）に定められています。その意味では従来型の監査役よりは経営の監視ができるという仕組みで、海外からの評価は良いようです。

東芝は早くからこの形態でしたが、経営陣による大規模な不正会計事件を起こしました。同社の社外取締役の適性や、監査委員の人選に問題があったことは第1部で説明した通りです。実効性のあるガバナンス体制にするには、指名委員会の権限や、監査委員会をどのように構成するかがカギになります。

③ 取締役会＋監査等委員会＋会計監査人　（監査等委員会設置会社）

これは①と②の中間的な形態で、監査等委員会設置会社と呼ばれます。この場合も監査等委員会は取締役会の中にあり、監査等委員は取締役が務めます。この形態でも監査委員の監視が期待されています。しかし、大規模な品質不正事件を起こした神戸製鋼はこの形態です。形ができていても、うまく機能するのは難しいということでしょうか。

ほかにはみずほフィナンシャルグループでは持ち株会社が指名委員会等設置会社で、傘下のみずほ銀行、みずほ信託銀行、みずほ証券は監査等委員会設置会社です。

【監査役と監査部の違い】

一般の従業員の立場では、監査役と監査部の違いはよくわからないかもしれません。10年以上も前のことですが、あるとき監査役の方からこの違いを「監査役は株主の立場で監査し、監査部は社長の代わりに監査をする」と教えてもらったことがあります。これは立場の違いをうまく説明していて、当時の私は十分納得できました。

しかし、これは目的の違いまでは説明できていません。その意味では「監査役は取締役を監視し、監査部は社長の代わりに現場を監査する」といったほうがわかりやすいと思います。もちろん監査役が現場の仕事をチェックすることもあります。

【リスクマネジメントの体制】

第1部の事例から、監査役（委員）の監視が社内不正を防ぐための重要な役割を担っていることがわかります。前節に書いたように、会社のガバナンス形態によってこの機能の呼び方（監査役・監査委員）や権限が違います。第2部のこの節以降では監査役会設置会社のケースで考えます。監査役を監査委員に読み替えても、前節に書いた違いを除けば基本的には同じです。

会社（メーカー）の組織構成を便宜的に下図に表しました。このケースでリスクマネジメント体制の考え方を整理しましょう。まずリスクマネジメントの方針は取締役会が決めます。監査役会設置会社では、監査役は取締役会を監視する立場です。図のケースではリスクマネジメント部はなく、リスク管理委員会が取締役会の下に置かれ、全社的なリスクマネジメントを統括しています。

組織図の破線の枠内の部署は会社の業務を行っている部署で、執行部門と呼ばれています。内部監査部は執行部門とは独立で、社長の直轄でリスクマネジメントを行う役割を担い、執行部門のリスクマネジメント状況をチェックします。内部監査部は監査役とも独立な組織です。

リスク管理の社内体制

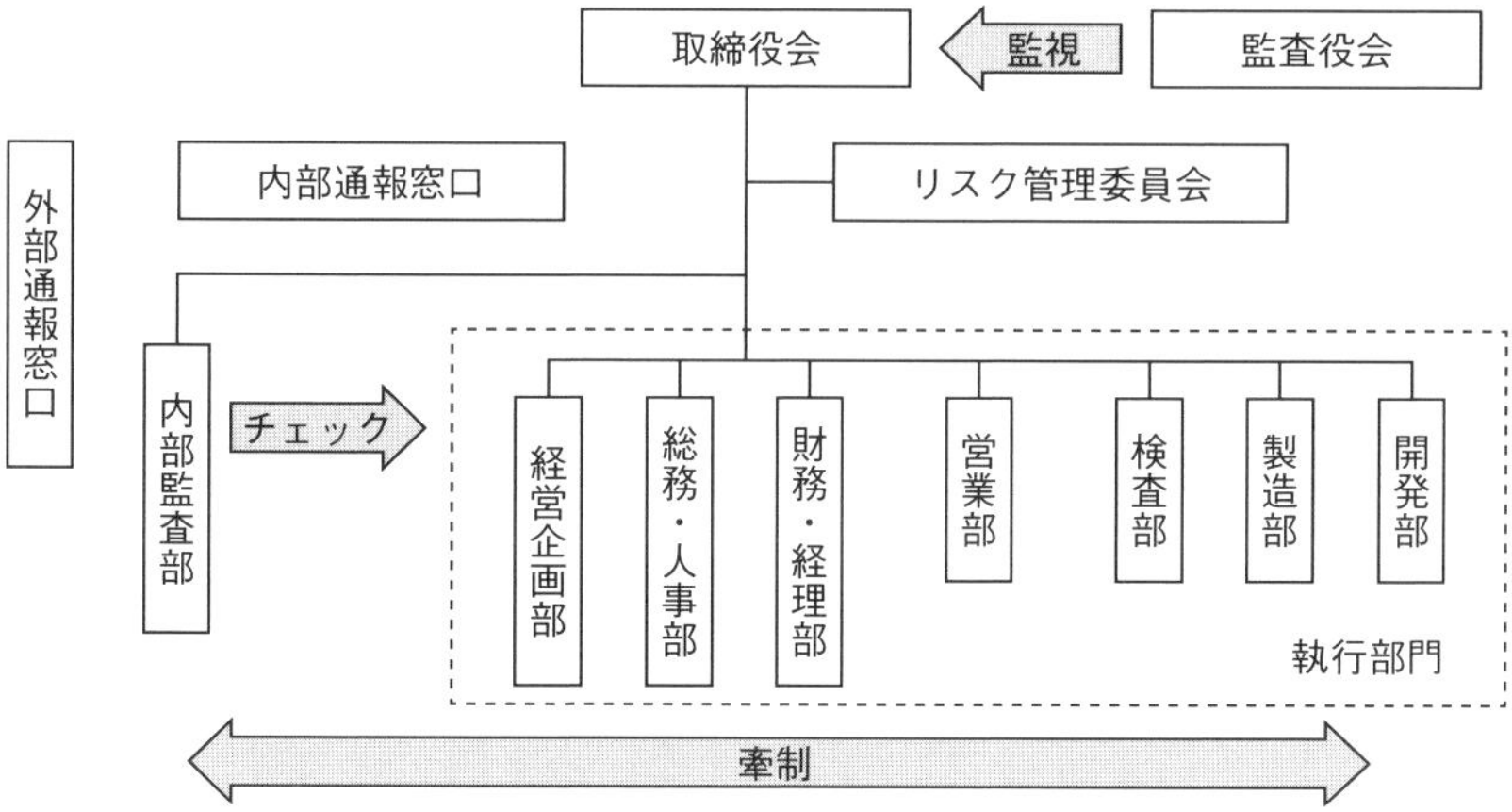

この点は監査委員会のある会社と違うので注意が必要です。

第1部のオリンパス事件では不正に関わっている取締役が内部監査部を管轄していました。このような状況では内部監査が機能しません。

内部監査部のメンバーを特定の部署出身者で固めてしまうと、その部署へのチェックが甘くなります。それをなくすために、さまざまな部の出身者で構成し、定期的な人事ローテーションを行うことが望まれます。みなさんの会社は大丈夫でしょうか。

また、各部が互いに独立し、牽制し合える状況にしておくことが重要です。たとえば、検査部は開発・製造部門と独立した立場で品質を検査しなければなりません。

当たり前のことのようですが、第1部の事例ではこの基本ができていないために品質不正や偽装が起きています。そのような事件では、開発部の技術力不足で基準以下の製品しか作れないことや、予定の期日までに技術開発が間に合わないことが背景にあります。

また案件受注のために、営業部が検査部と製造部と結託して、品質検査を無理やり合格させてしまうこともあります。

このようなことを防ぐために、各部の権限と責任を明確に分担させることが重要なのです。そして部や事業部にまたがる定期的なローテーションによって、一部の関係者だけでミスや不正が続かないようにします。

【通報の仕組みと限界】

ここまでは、上から下へのチェックと水平方向の相互監視のための体制の話でした。逆に下から上への監視も必要です。

前述のように、検査部の担当者が上司や他部から不良品を合格させるように圧力をかけられることがあります。企業での不正は組織的なものが多く、一介の検査員がその圧力に抗うことはできません。これを防ぐには「上司から違法行為を指示された場合は、内部通報せよ」という社内規程を作ることです。同時に内部通報窓口（コンプライアンスホットラインなど）の設置と通報者を保護する規程も必要です。

内部通報窓口は社内の人間が担当しているので、窓口関係者に関する通報はもみ消されることがあります。外部通報窓口が必要なのはこの理由によるものです。

下から上への監視という意味では、第1部の東芝の改善報告では非常に有効なガバナンス体制を導入しています。

これらが整えられ、公正に運営されることでリスクマネジメントが回り始めます。

内部通報の限界

内部通報制度は経営者の不正に対してはまったく機能しません。通報を処理する体制が社長の腹心とその部下たちで固められているからです。中立的な委員会形式をとっていても、経営者に関する通報は不受理で返ってくるはずで、通報者の名前や内容も社長に内々で伝わるに違いありません。

また社内の不祥事を通報しても、経営者は大事に至ることを避けるために事件を矮小化して済ませようとしがちです。これでは真の原因が解決されないまま終わってしまいます。しかし事件の矮小化が違法でなければ、それ以上の改善は望めません。

外部通報窓口の限界

外部通報窓口は弁護士事務所に置かれているのが一般的です。しかしほとんどの場合、そこは会社のお抱え事務所のはずで、経営者に関する通報に関しては何も期待できません。オリンパス事件や東芝事件がこの問題の難しさを示しています。

経営者が関与していない場合でも事件化を避けたい経営者は多く、矮小化したりもみ消したりすることは日常的に起きているはずです。このような場合も外部窓口は伝言役以上の機能を持ちません。

また外部窓口のメールアドレスが間違ってホームページに記載されていた実例もあります。意図的かどうかはわからないにしても、通報がこの段階でもみ消されないよう外部窓口の機能をチェックすることは重要です。リスクマネジメントの甘い会社では、このような初歩的なミスを放置しているからです。興味のある方には外部窓口にテストメールを送ってみることをお勧めします。

【3つのディフェンスライン】

会社の内部統制やリスクマネジメント体制をチェックするときに「3つのディフェンスライン」という考え方があります。次の3段階のリスクマネジメントです。

1　業務の現場でのリスクマネジメント
2　財務部、リスクマネジメント部、検査部などでのリスクマネジメント
3　内部監査部によるリスクマネジメント

もともとは監査委員会のある会社での考え方ですが、監査役会のある会社でも通じます。

第1のディフェンスライン

第1のディフェンスラインは、現場レベルでのリスクマネジメントを意味します。たとえば、会社にある受発注システムは、営業部がカラ受注をしないための仕組みといえます。また、工事現場や工場などで安全確認を励行する仕組みも第1のディフェンスラインです。そして製造部の担当者が行う製品の検査や、ソフトウェア開発のときの開発担当者によるチェックも、第1のディフェンスラインです。社内規程なども第1のディフェンスラインに含まれるものが多いかと思います。

第2のディフェンスライン

第2のディフェンスラインは現場と独立な立場でリスクマネジメントを行うことです。金融機関にはリスク管理部という部署がありますが、一般の事業会社ではリスク管理部がないケースのほうが普通で、検査部とか品質管理部などがこの役割を担います。

たとえば、工場で作られた商品の品質や性能は、製造部門とは独立した検査部門でチェックすることが基本です。ところが実際にはそうなっていないことがあります。第1部の東洋ゴム事件では、製造部門のほうが検査部門よりも強く、検査部門は独立な検査ができなかったことが不正の重大な原因とされています。

第1と第2のディフェンスラインの違いは、業務リスクをとっているか、とっていないかで分かれます。たとえば、製造部門は、製品の品質・性能と売上についてのビジネスリスクをとっています。しかし、検査部は生産性を上げるために、不良品をパスさせるようなことをしません。つまり検査部はビジネスリスクをとっていないことになります。

ところが、同じ事業部内に製造と検査部門があると、2つの部が同じ収益目標を持つことになるので、検査部の独立性が弱まります。この場合の検査部門は第1のディフェンスラインに含まれます。

経理に関していえば、なんらかの仕入れを発注する人と実際に購入（調達）する人は別の部署にいます。発注部署が購入や検収の権限まで持つとカラ発注などの不正が起きやすいからです。

第3のディフェンスライン

第3のディフェンスラインは、内部監査部の仕事と考えておけばよいでしょう。業務監査部や内部監査部の名前がついていることもあります。また必ずしも監査という名前がついていない場合もあります。

検査部やリスク管理部との違いは執行部門にあるか否かです。

みなさんの職場で、３つのディフェンスラインはどのような仕組みになっているか調べてみるとよいと思います。

内部監査部は主に契約関連や稟議・決裁など業務プロセスの監査を行っているはずです。メーカーなどでは製造や検査など技術関連の監査はどのような形で行われているでしょうか。技術的な知見が必要なため、形だけの監査になり、リスクを見逃しやすくなります。第１部の不正事件では、技術関連の監査が形式だけになっているケースがほとんどでした。

形式的な監査しかしないことがわかっていれば、第３のディフェンスラインには監視どころか牽制機能もないことになります。第１部で取り上げた三菱自動車の燃費不正事件ではまさにこの状態だったと言えます。この課題に関してＪＸＴＧエネルギーの再発防止策では、他部署で類似業務を担っている担当者を監査メンバーに加えるという方法を挙げています。

Q　ディフェンスラインの欠陥はどこにありますか？

前掲の図を再掲します。これをみて第２、第３のディフェンスラインがどうなっているかを考えてみましょう。

検査部は開発・製造部門に対する第２のディフェンスラインです。内部監査部は第３のディフェンスラインになりますが、業務プロセスの監査だけをやっていると、品質不良に対する第2のディフェンスラインが存在しないことになります。

そして、本部部門や営業部に対する第2のディフェンスラインが存在しないことがわかります。会社の組織図をみると、このタイプの会社は案外多いように思います。この場合は内部監査部が本部部門に対する第2のディフェンスラインの役割を担っている場合があります。しかし、内部監査部の担当者がもともと本部出身だった人で構成されていると、本部機能に対する第2、第3のディフェンスラインが脆弱になるという問題が生じます。

リスク管理の社内体制

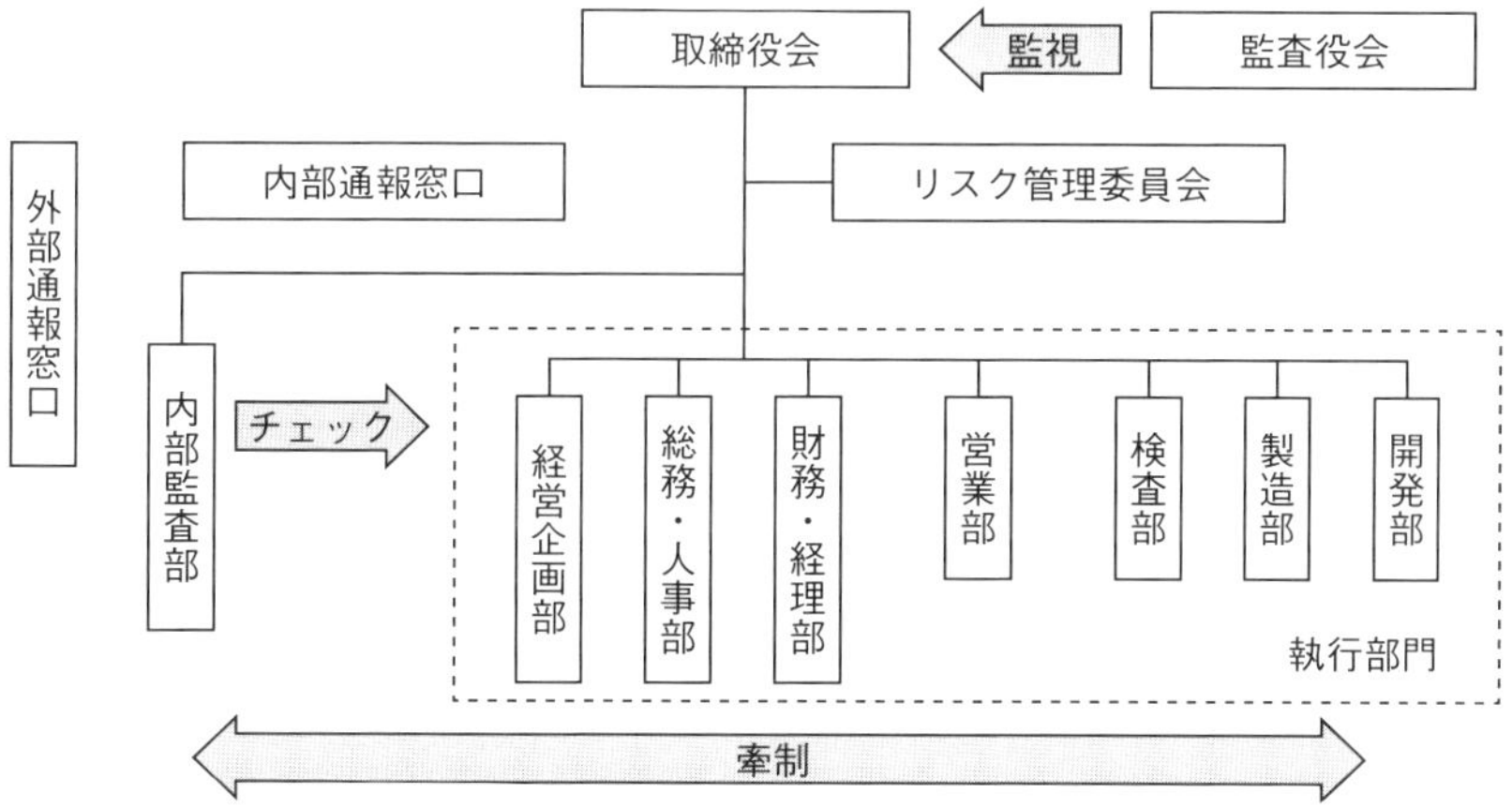

【内部統制とコンプライアンスを一体にする】

内部統制の意味を教科書的にいうと、「社内の監視体制や財務報告の信頼性を得るための規程などの仕組み」のことです。ものによっては「内部統制とはリスクマネジメントが機能するための仕組み」と説明していることもあります。こちらのほうがわかりやすいので本書ではこの考え方でよいかと思います。

リスクマネジメントは、リスク管理部や委員会があるだけでは機能しません。社内の組織体制や社内規程によってリスクをコントロールできるようになります。

体制と規程があることに加えて、企業が法令を守り、従業員1人ひとりがルールを守ること（コンプライアンス、法令遵守）も重要です。その意味で、「内部統制とコンプライアンスが一体でリスクマネジメントが機能する」と言われています。

本書はリスクマネジメントが主題なので、リスクマネジメントの手段として内部統制とコンプライアンスを図のように位置づけていま

内部統制とコンプライアンスの一体化

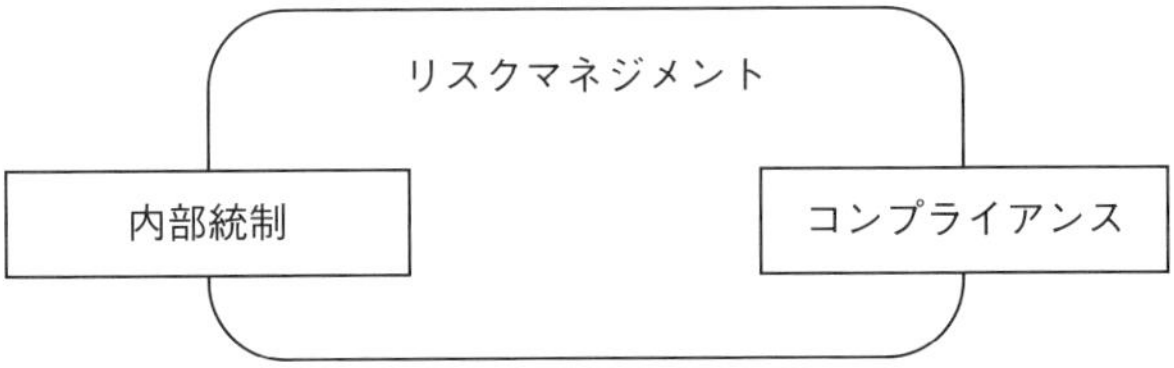

す。

Q 動物園の檻と内部統制の関係を説明してください

「リスクマネジメントは内部統制とコンプライアンスと一体で機能する」ということの意味を動物園のケースで考えてみましょう。

動物園にいる動物は、かわいい小動物から、肉食の猛獣までさまざまです。この動物たちを従業員とみて、脱走されないためのリスクマネジメントを考えてみます。

まず、「檻から出ないように」というルールは社内規程に相当します。規程だけでは心配なので、檻にしっかりした鍵を取り付けることも必要です。内部統制はこのようなルールや仕組みに相当します。

コンプライアンスをモラル教育や内部通報制度と考えると、モラル教育は動物たちに「檻の中で暮らす」ように躾けることです。しかし動物たちのコンプライアンス状況を調べたくても、心の中にあるものは可視化できません。また、いくら動物を躾けても、檻が簡単に開いてしまうようでは脱走されてしまいます。

内部通報制度は誰かが脱走したら、他の動物が飼育員に訴える仕組みです。しかし、通報する勇気のある動物はごくわずかしかいないということを考えておく必要があります。また、通報しても飼育員が相手にしてくれないかもしれません。なぜなら飼育員が外部の毛皮業者と組んで、動物を売り飛ばしている場合があるからです。このようなケースで飼育員に内部通報すると、自分も毛皮にされてしまうかもしれません。

コンプライアンスは脱走する動物の数を減らすという意味で、平均値を改善する効果はあるかもしれませんが、ワーストシナリオがなくなるわけではありません。たとえば、脱走して自由になりたいとひそかに願っている猛獣がいて、その檻が開けられやすくなっている状態がワーストシナリオです。そして、猛獣が一頭でも逃げて暴れだしたら大事件です。

リスクマネジメントのポイントをワーストシナリオへの対策だと考えると、最も効果的な方法は、しっかりした檻と、それが簡単に開かないようにする鍵を取り付けることです。つまり内部統制がかなめ

動物園の檻と内部統制

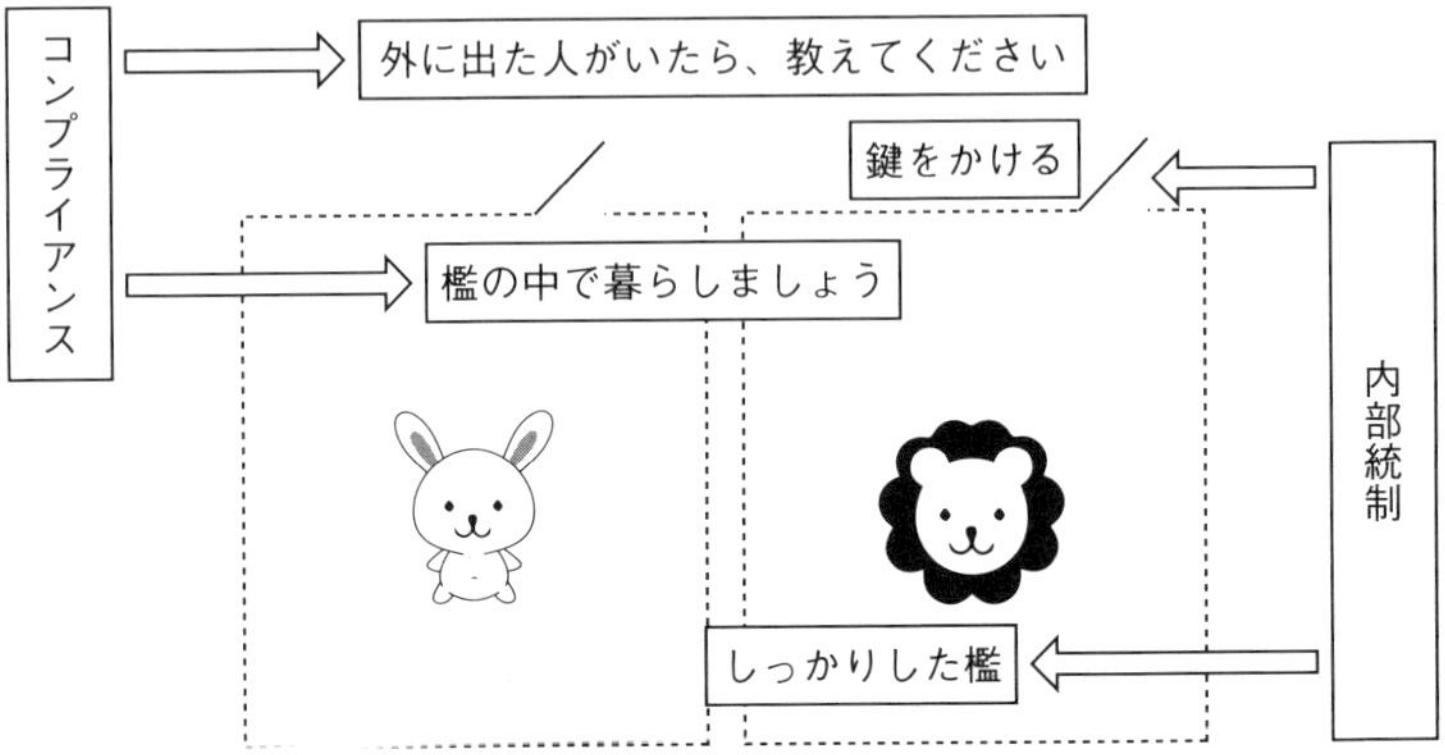

で、これは第1部の事例から実感した人が多いのではないでしょうか。

またコンプライアンスの強化策に比べて内部統制（檻や鍵の状態）は可視的にチェックしやすいこともポイントです。

3 リスクマネジメントの限界

リスクマネジメントは取締役会によって進められるので、経営陣の不正が見つからないようにリスクマネジメント体制が骨抜きにされることがあります。リスク管理部の管理対象は執行部門であり、経営陣に対するチェック機能を持ちません。仮に従業員が経営陣の不正に気づいたとき、内部通報をしても反故にされることは明らかですから、内部通報制度は形だけになります。

このようなことからリスクマネジメントには限界があり、経営陣の不正については対応が困難です。経営陣による不正にはブレーキがないため、オリンパスや東芝のように大事件になることがあります。また経営陣のリスク管理意識が低いことによって、現場での大規模な不正を見逃している場合も少なくありません。これは三菱自動車や神戸製鋼の事件に見られます。

この章ではリスクマネジメントの課題や限界について考えます。まずはじめに次の問題を考えてください。

Q 経営者の不正に気づいたら、どう行動すればいいですか？

あなたは建設会社の本社にいる経営企画部の部員とします。取締役会の資料を準備しているとき、副社長が公共事業の受注で談合を企てていることを知ってしまいました。社長が談合を知っているのは明らかで、あえて止めようとはしていません。それがばれずに受注できれば関係者全員がハッピーになれますが、発覚すると社会問題になるだけでなく、さまざまな制裁によって会社全体の不利益になってしまいます。

これは経営トップが関わる不正なので、内部通報してももみ消されて自分が左遷されるリスクがあります。このような状況に置かれて何とかしたいとき、どうすればよいでしょうか。次の中から選んでみてください。会社によって答えは違います。

a　上司に相談する。

b　監査役に相談する。

c　外部の通報窓口に通報する。

d　国交省か会計検査院に通報する。

e　知り合いのマスコミ関係者にリークする。

【経営者がリスクマネジメントで機能しないとき】

社内にリスクマネジメント体制ができ、運用が始まってからの問題について考えます。このときやっかいなのは、役員たちがリスクマネジメントで機能しない場合です。これについて様々なケースを考えます。

CROが機能しないとき

取締役の1人がCRO（Chief Risk Officer）になり、リスクマネジメント委員会の委員長になったとしましょう。リスクマネジメントの担当者が新しく社内ルールを作ろうとしたとき、CROに反対されたり妨害されることがあるかもしれません。

たとえば、CROが経理部出身で、調達先からリベートを受け取るなどの不正を重ねていたとしたらどうでしょうか。経理部員がこの不正に気づいていると、CROは内部通報される心配があります。そのために内部通報ルールに情報提供者の氏名公表を規程化するなどして、内部通報制度を骨抜きにするかもしれません。

あるいは監査部が経理部の監査をするとき、監査部に圧力を加えて不正が発覚しないようにするかもしれません。監査部の担当者はCROの指示に従わなければならないので、CROの不正は発覚しにくくなります。オリンパス事件ではこれと似た状況でした。このような場合はどうすればよいのでしょうか。

まずは、社長か他の取締役に相談することが考えられます。会社のリスクマネジメントは取締役会の仕事だということを思い出すと、この問題は取締役会に解決してもらうのが筋です。

とはいっても、CROの更迭は簡単ではないかもしれません。たとえばCROの任期を1年に定め、再任を認めず確実にローテーションを行う仕組みが考えられます。このようなルールはCROへの牽制にもなります。

取締役会が機能しないとき

もし取締役会がCROの怠慢を是正してくれないときはどうすればよいのでしょうか。というのも、他の取締役たちもCROと結託していることがあるからです。あるいは他の取締役が不正を働いている場合も同じ状況になります。

経営者が不正を行っていると、そのツケはいつか会社に回ってきます。東芝やオリンパスの不正会計事件からわかるように、発覚してからでは影響が大きすぎます。社外取締役を置くのは、社内出身取締役への牽制になるからです。社外取締役がいても経営者による不正は起こります。東芝事件のときは、お飾りとして著名人を迎えていたため、社外取締役が機能しませんでした。監視能力のある人の人選がカギになります。

実際のところ、社外取締役を何社も掛け持ちしている人が少なくありません。このような人に監視機能の役割を期待できるでしょうか。社外取締役の選任については、他職兼務に一定の制限を設けることが必要と考えます。

取締役会が機能していないときは、監査役に相談に行く方法が考えられます。監査役は取締役会を監視する立場だからです。

会社のリスクマネジメントが機能せずに大きな損失が出たときに、取締役に加えて監査役まで告発されることがあるのは、監査役にこの責務があるからです。

【社外監査役は会社から独立しているか】

監査役会設置会社は日本企業固有の形態といわれ、ほとんどの会社がこの形です。監査役は経営を監視する立場なので、取締役たちと利害関係のないことが理想です。

しかし現実には、社長の息のかかった人が監査役を務めていることが多いといわれています。元取締役が務めていることも珍しくありません。

会社法（335条）では、監査役は半数以上の社外監査役を必要とし、社外監査役の定義も同法で定められています。しかし下請け企業の元経営者が社外監査役になっている場合があり、これは法的にOKです。当然このような監査役は取締役たちに気兼ねするので、社外監査役としての役割を期待できません。

また、経営者とともに不正に関わっていた幹部が監査役になる事例もあります。この場合、経営者の不正をただすことは期待できません。むしろそのことを意図した役員人事かもしれないのです。リスクマネジメントを展開する以上、社外監査役の独立性を検証することから始めるべきでしょう。合法かどうかだけでなく、独立性の観点で検証することが重要です。

監査役の選任案は取締役会が決めますが、これには監査役の同意が必要です。会社と独立性の弱い社外監査役がいる場合は、監査役たちがそれを認めていることになります。

不正会計事件を起こしたオリンパスでは、社外監査役2人のうち1人は社長の同級生、もう1人は下請け会社の元経営者でした。これでは監査役の本来の役割が務まりません。それでも社外取締役の要件を法的に満たしていることが問題なのです。

親会社から来た監査役

大企業の子会社では、取締役と監査役が親会社から派遣されてくるケースが多いはずです。これは元同僚が取締役と監査役を担っていることになり、経営の監視という意味で疑問を感じる状況です。しかし株主は親会社なので、役員の選任案に反対する人はいません。

親会社としては子会社の経営を監督・監視したいのでしょうが、親会社が厳しい収益目標を子会社に課している場合があります。子会社の経営者が従業員に利益目標必達のプレッシャーをかけても、監査役から取締役への牽制が効きません。すると現場で苦し紛れに性能や品質で不正を行うリスクが生まれます。

善管注意義務

会社法（330条）と民法（644条）によって、役員はその職務を善良な管理者の注意をもって行わなければならないとしています。これを会社に対する役員の善管注意義務といいます。

東芝の不正会計事件では、東芝が歴代社長3人とCFO2人に損害賠償訴訟を東京地裁で起こしています。このときは善管注意義務違反があったことを提訴の根拠にしています。しかし善管注意義務違反は不正を見逃した管理者の責任が問われる性質のものですから、不正の主役が善管注意義務違反で済むのかという疑問は残ります。

【経営者の不正防止】

第1部のオリンパスや東芝の事件からわかるように、経営者の不正防止はリスクマネジメントの対象外なので、困難な課題です。有効な防止策があったとしても法令などで決められていなければ、自分に不都合なルールを導入する経営者はめったにいません。

経営者が積極的に取り組むかどうかは別の問題として、人事面でチェックポイントをいくつか挙げてみました。

①財務・経理担当者を固定化しない

経営者による不正は概ね財務部や経理部案件で起きています。この部署の担当者が長く在籍していると、経営者と癒着しやすくなり、社内で気づかれにくくなります。金融機関での全社的なローテーションは不正防止の意味でも定期的に行われている方法です。

②本部出身者を本部担当役員にしない

本部出身者が本部担当役員になっているケースはずいぶん多いのではないでしょうか。たとえば財務部の部長クラスなどが不正を行っていた場合、その人が本部担当役員になると発覚しにくくなります。

メーカーやIT企業では、技術者上がりの役員（CTOなど）であっても財務や法務を学び、本部担当役員が務まるようになってもらいたいものです。

③内部監査室を監査役の配下におかない

内部監査は社長直轄でリスクマネジメントを行う役割を担います。したがって監査役とは独立した組織であることが必要です。

監査等委員会設置会社や指名委員会等設置会社では、内部監査室が監査委員の配下につくことがあります。このときは、外部取締役（監査委員）を監査室担当役員にすることが望まれます。

④ 社外監査役の人選

繰り返しになりますが、取締役時代に不正を行っていた人が監査役になると、不正が隠し続けられてしまいます。社外監査役の人選には一定の制限がありますが、抜け穴もあります。たとえば取引先の経営者のような利害関係者が社外監査役になっているケースがあります。その監査役は立場が弱いので、名前だけの社外監査役になってしまいます。

会社によっては、利害関係のない人を社外監査役にしていることをホームページなどでアピールしています。たとえば監査法人や大学教員出身者を社外監査役に迎えていることを公表し、監査役の独立性や人選の透明性を示しているのです。

これらの課題をクリアできていれば経営による不正を防ぐ効果が期待できますが、実際のところ②と④は難しいかと思います。

オリンパス事件のような経営陣の不正の場合は、社長が告発しても解雇されてしまうことがあります。一般の従業員なら告発はさらに困難です。しかし従業員1人ひとりが経営を監視することは、長い目でみれば会社を守ることにつながります。

東芝の不正会計事件のように社長の圧力で執行部門が不正会計を行うときは、ここで説明したような対策でも役に立たないかもしれません。その失敗を踏まえて東芝は非常に優れたガバナンス形態を導入しています。これは第1部の東芝事件の章の最後で紹介しました。

【公益通報者保護法の限界】

公益通報者保護法は通報者の雇用などの身分を守るための法律で、2004年に制定されました。これには通報者側にいくつかの制約があるので、簡単にまとめておきます。

まずこの法律で守られるのは問題のある企業の労働者と派遣労働者に限られているということです。つまり、会社を辞めてから通報しても保護の対象から外れます。また通報先には次の優先順位が決められています。

①　勤務先

なんらかの問題が起きそうな時点で勤務先に通報する場合が保護法の対象です。したがって勤務先には問題発生前でも通報できます。

② 監督官庁

監督官庁などへの通報は、すでに問題が発生しているか、まさに起きそうだと確信が持てる場合のみに限られます。したがって、役所などへ通報する場合はしっかりした確信や証拠が必要になると考えられます。

しかし、通報者の氏名が官庁や行政機関から通報対象者（企業）に漏れる事件がときどき報道されており、このルートは信用できないという見方もあります。

③ マスコミなど

マスコミなどへの通報は、①か②では無理な場合に使えることになっています。これはデマを安易にマスコミに流されることを防ぐためと考えられます。

経営陣の不正の場合、①の勤務先への通報は無視されるだけでなく、通報者が左遷されるリスクがあります。左遷されなくても幹部への道は閉ざされるのではないかと考える人は多いはずです。

②の監督官庁への通報も、通報者名が企業に伝わるなどの事例が少なくないので、通報者が

特定されても構わないときしか使えません。かといって、①②を飛ばして最初からマスコミに通報すると保護の対象にはならないどころか、企業秘密を洩らしたことで会社から告発されるリスクがあります。

公益通報者保護法には罰則規定がないので、(注3) 実効性には疑問があるという考え方もあります。またマスコミ通報には制限が厳しく、経営者不正に対して抜け穴のある法律といわれています。会社側にしてみれば、根拠のないデマをマスコミに流されたくないという事情があるのでしょう。

オリンパス事件では、従業員から雑誌への通報によって経営者の不正が発覚しました。この事件では①②が使えず、③しか方法がなかったという典型的な事例です。山口（２０１６）によると、情報提供した従業員が特定されないよう、記者や雑誌社が細心の配慮を行っていたことがわかります。

（注３）日本経済新聞（２０１８／２／13）によると、政府は同法に罰則導入の検討に入っています。

【内部通報が受理されないとき】

私たちが組織の中に不正の疑いを抱いても、「何となく怪しい」くらいの感触しか持てず、白か黒か判断できないことがあります。内部通報はあくまでも情報提供なので、黒の確信が必要なわけではありません。判断は窓口の委員会などに任せればよいのです。

多くの従業員が「経営者の不正はあり得ない」と思い込んでいるのと同様、白黒がはっきりしないときは「経営側の判断は正しい」とされがちです。「社長が白だと言ったから黒ではない」といった組織人的な考え方を持つ人のほうが多いわけです。

しかし、社長や窓口の委員会の判断が必ずしも正しいわけではありません。経営陣が直接関与していない不正であっても、発覚することで業績への悪影響が大きすぎる場合、事件の矮小化をはかったり、通報を不受理にすることは少なくありません。このような場合は経営陣の責任も問われることになります。

匿名通報ができる当局窓口

東芝の不正会計事件では、金融庁証券取引等監視委員会への内部通報が発覚のきっかけになっています。同委員会へは匿名通報が可能です。財務関係の不正は金融商品取引法違反の疑いがあるので、経営者による不正会計の場合は証券取引等監視委員会への通報が効果的かもしれません。

経営者の横領や利益供与などの場合は脱税の疑いがあるので、国税局が情報提供を受け付けています。国税局の情報提供窓口も匿名で通報可能です。

国のお金に関する事業費の問題については、会計検査院に情報提供窓口があります。ここは情報提供者名を入力する欄がなく、匿名性を完全に確保しています。

[コンプライアンス頼みの無力さ]

三菱自動車では2000年と2004年にリコール隠し事件が発覚し、大きな社会問題にもなりました。第1部で書いたように、このときの再発防止策はコンプライアンスの徹底でした。

しかし、この再発防止策ができる前から燃費の不正計測が行われていて、2016年に発覚するまで続いていました。同社の燃費不正はコンプライアンスの徹底といった精神論的な方法の無力さを象徴した事件といえます。

コンプライアンスの徹底は企業風土をよくする意味で、平均値を上げる効果はあるかもしれません。しかし、コンプライアンスが徹底されたかどうかは可視的に検証できません。

平均値がいくらよくても、リスクはワーストケースで顕在化します。そうならないように内部統制で抑え込むことが重要です。内部統制は手続きなどのシステムなので可視化でき、第三者によるチェックも可能です。第1部の企業不正事件では内部統制が抜け穴だらけだったはずです。

「それはできません」と言おう

私が会社勤めをしていたころで十数年前のことです。若手部員にちょっと無理なことを頼んだことがあります。その部員からは「コンプライアンス・ルールがあるので、それはできません」とあっさり断られました。ちょうどそのルールが整備され始めたころです。誰に何を頼んだかは忘れましたが「この人は若いのに偉い！」と感嘆し、時代が変わってきたと感じたことを覚えています。

●参考資料

山口義正『ザ・粉飾 暗闘オリンパス事件』講談社、2016

4 —リスクマネジメントの目的

この章以降は標準的なリスクマネジメントの教科書の内容になります。第4章ではリスクマネジメントの目的を整理します。まず次の問題を考えてみてください。

Q リスクの見落としはありませんか？

仮想的なメーカーを考え、その会社の経営理念と有価証券報告書にある事業リスクを図に示しました。このメーカーの経営理念は「信頼される製品で社会に貢献」です。そして有価証券報告書に8つの事業リスクを取り上げて対策を行っています。

8つの事業リスクを見て、このメーカーがどのカテゴリーのリスクを重視しているかを考えてください。そして、経営理念との関係で、見落としているリスクを以下の選択肢の中から探してください。

a　人材の確保に関するリスク

b　品質不良に関するリスク

c　独占禁止法に関連するリスク

d　情報システムに関するリスク

第4章の主題はこの問題の答えを考えることです。その答えは第1部の神戸製鋼事件の章にもありました。

【企業価値を高める】

リスクマネジメントは企業価値の維持・向上を目的としています。ここでいう企業価値とは財務的な企業価値ではありません。

財務的な企業価値とは株主や債権者にとっての価値を意味します。株主価値重視であれば収

あるメーカーの経営理念とリスク認識

経営理念	事業リスク
信頼される製品で社会に貢献	1. 市場の経済状況 2. 売上の変動 3. 原材料の価格変動 4. 環境規制の影響 5. 事故、災害 6. 訴訟 7. 財務リスク 8. 中期経営計画の実現

益や成長優先の経営になります。銀行などの債権者にとってみれば、新しいビジネスに挑戦しなくてもよいから堅実経営で、しっかりと貸金を返してほしいところです。資金を出す側であっても株主と債権者では利害が一致するとは限らないのです。

リスクマネジメントで考える企業価値は財務的な価値だけでなく、より広い意味で考えたステークホルダーにとっての価値を意味します。その究極の目的をブランド価値の維持向上とする考え方もあります。

キヤノンのブランド価値と事業リスク

キヤノンの有価証券報告書（2016年12月）に記されている「事業等のリスク」をみると、23項目のリスクが記されています。このうち19番目が「ブランド価値に関連するリスク」で、「ブランド価値を毀損する製品の品質不良」などのリスクを記しています。ブランド価値とリスク管理を関連づけている事例として参考になります。

【ステークホルダー】

ステークホルダーとは会社との利害関係者のことです。利害関係は直接的な場合も間接的な場合もあります。

みなさんの会社のステークホルダーは誰でしょうか。この手の質問をすると、私の経験ではまず次の4つが出てきます。

①　顧客
②　株主、銀行
③　従業員
④　経営者

しかし、この先が続きません。あれこれ議論したのち、ようやく次の2つが出てきます。

⑤　仕入れ先、発注先など
⑥　周辺住民、地域

リスクマネジメントの議論をしているときは、顧客や投資家を意識してしまいがちで、納入業者や発注先は案外思いつきません。取引先がなければ会社の仕事は進まないので、取引先は重要なステークホルダーです。

また、会社や工場がある地域では、近くの商店街は多少なりとも潤っているはずです。とくに地方にある企業は地域雇用の面で重要な役割を担っています。また法人税や地方税を納めている点で、国や地域の貴重な財源になっています。オフィス街の職場にいる人は、地域との関わりをあまり強く感じないかもしれませんが、すべての会社は周辺の地域社会に大きな貢献をもたらしているはずです。

実は6つの答えの中にはステークホルダーに含まれないものが1つあります。それは何でしょうか。取引先と地域は説明したので、株主、顧客、従業員、経営者のどれかです。株主、顧客、従業員は間違いなくステークホルダーですから、消去法で経営者がハズレだとわかります。利害関係という言葉だけで考えると経営者もその会社の利害関係者です。しかし企業価値を高めるという目的を実現する主体は経営者ですから、経営者はステークホルダーから除きます。

どのような会社でも、ステークホルダーは次の5つが基本です。

① 顧客
② 株主
③ 従業員
④ 取引先
⑤ 地域社会

さまざまな会社のホームページでステークホルダーをみると、債権者が入っていないケースが多いようです。債権者は取引先に含めているのかもしれません。

会社によっては行政や国際社会をステークホルダーに含めるところもあります。これは会社ごとの固有の考え方によるもので、「地域社会」をより広くとらえていると考えることができます。

オリンパスのステークホルダー

オリンパスのホームページによると同社は6つのステークホルダーを掲げています。

① お客さま
② 株主、投資家さま
③ お取引先さま
④ 従業員・ご家族

5つのステークホルダー

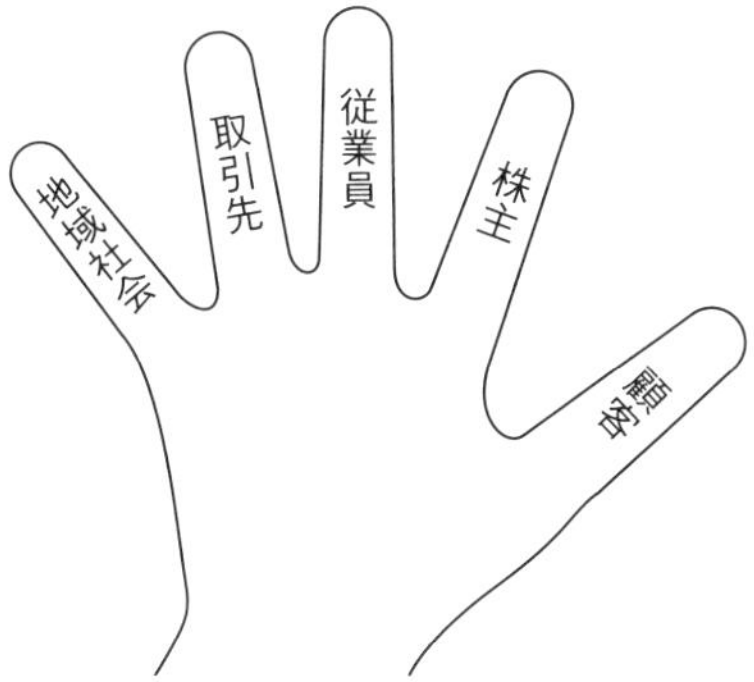

⑤　地域社会
⑥　国際社会・市民社会

「投資家」は社債の保有者や、オリンパスへの投資を検討している投資家も含まれていると考えられます。そして「地域社会」と「国際社会」をまとめて考えれば、５つのステークホルダーで構成されていることがわかります。

第１部でオリンパス事件を取り上げました。朝日新聞（２０１１年11月８日）によると、不正会計を初めて認めた２０１１年11月の記者会見で、Ｔ社長は「株主、投資家、取引先、消費者、関係者の皆様にご迷惑をおかけしました」と謝罪しています。謝罪先に「社員」が含まれていない理由は外部向けの謝罪だからでしょう。「関係者」は地域社会というよりも、報道関係者などを含んでいるように受け止められます。ステークホルダーは不祥事の謝罪先にも表れています。

ＪＸＴＧエネルギーの工場閉鎖と地域経済

朝日新聞（２０１７年９月28日）によると、ＪＸＴＧエネルギーが室蘭工場の生産停止を発表したとき、室蘭市長は「地域経済に与える影響が大きく承服しかねる」と再考を求めました。工場の夜景は観光名所でもあり、同社の工場は雇用の場であると同時に観光スポットとして地域経済に重要な貢献を果たしていたことがわかります。

【ステークホルダーと企業価値】

リスクマネジメントで考える企業価値とはステークホルダーにとっての価値です。その一方で株主価値を重視する経営がもてはやされているのは、株主の声が大きくなっているからです。リスクマネジメントの立場で経営を考えるなら、株主の声だけでなく、すべてのステークホルダーの期待に応えることが基本です。

Q　動物園のステークホルダーとリスク対策を考えてみましょう

動物園の園長には、次の４つの選択肢があります。それぞれについて、ステークホルダーとの関係を述べてください。

a　動物舎の掃除を1日2回に増やす
b　檻を修理する
c　通路に屋根を取り付ける

d　利益重視で何もしない

aは動物の健康と衛生のためです。bは来園者や周辺地域の安全のためと考えてよいでしょう。cは経営安定のためで、その意味では従業員や取引先のためといえます。dは株主のためと考えることができます。

ここでは動物もステークホルダーとし、それぞれのステークホルダーにとって好ましいリスク対策を表にまとめてみました。他の考え方もありますが、どれか1つを選ぶと他のステークホルダーが浮かばれません。

仮にリスクマネジメントの目的を「動物園のブランド価値の向上」としてみましょう。猛獣がしょっちゅう脱走する動物園だと評判が悪くなるので、この場合は檻の修理が最優先課題になるかもしれません。

経営者や動物園の置かれている状況によって答えは違うかもしれませんが、リスクマネジメントを何のた

動物園のステークホルダーとリスク対策

ステークホルダー	リスク対策(目的)
顧客	檻の修理(安全)
株主	何もしない(利益)
従業員	通路に屋根(経営の安定)
取引先	通路に屋根(経営の安定)
動物	動物舎の掃除(健康)
地域社会	檻の修理(安全)

めにするのかという議論のときに、このように整理すると見通しがよくなります。この問題は後で別の視点からも考えます。

【リスクマネジメントと経営理念】

前節では、リスクマネジメントの目的をステークホルダーにとっての企業価値の維持・向上としました。実際には動物園の例のように、ステークホルダー間には利害関係があるので、1つの解決策のみですべてをハッピーにすることには無理があります。

リスクマネジメントの理想像は会社ごとに違います。たとえば鉄道会社では乗客の安全輸送が一番重要な課題です。地方の企業では、従業員の安定雇用が最重要課題かもしれません。

その理想像がコロコロと入れ替わったり、従業員や経営者によって変わったりするようでは困ります。そこで経営の軸になる考え方、つまり経営理念をリスクマネジメントの理想像に据えるとすっきりします。経営理念ではなく、企業理念としている会社もありますが、本書では「経営理念」を使うことにします。

リスク管理の大黒柱

経営理念とは会社経営の信念を表したもので、会社の設立主旨や価値観・目的などでできています。多くは創業者の想いが込められており、経営者が変わっても経営理念は変わりません。その意味では会社の普遍的な価値観を表しています。

リスクマネジメントの考え方の大黒柱を経営理念とし、リスクマネジメントの目的をステークホルダーのための企業価値の維持向上と考えると、リスクマネジメントの目的をわかりやすく整理できます。

経営理念は企業の普遍的な価値観を表すものですが、その価値観が時代の変化に合わなくなることがあります。そのような場合には経営理念の見直しが行われることもあります。

理念と管理の方向を一致させる

経営理念とリスク管理が同じ方向を向いていないとどうなるでしょうか？

この章のはじめのクエスチョンを思い出してみましょう。この設問では「信頼される製品」を理念に

リスク管理の目的

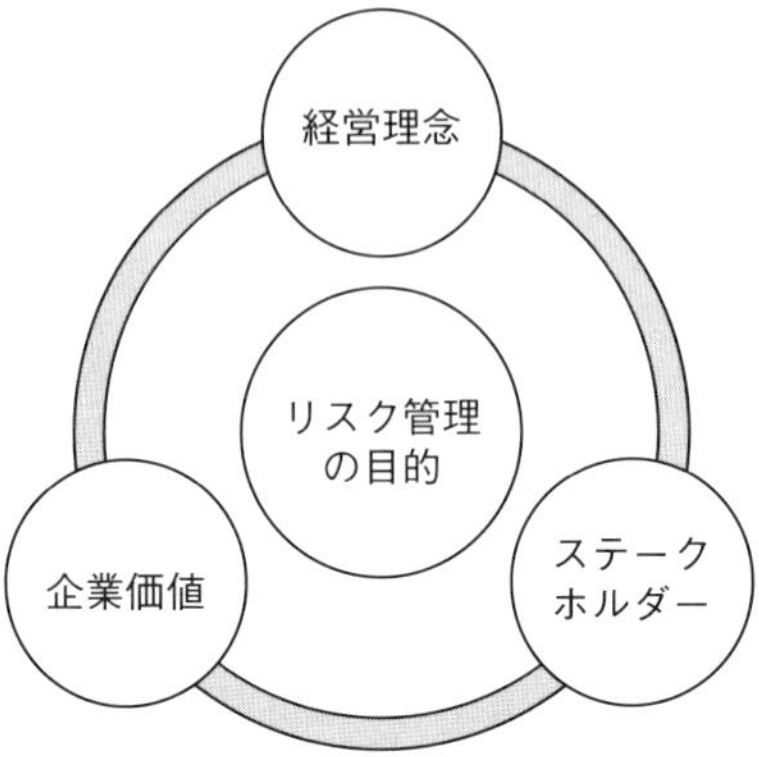

しているのに、品質不良や社内不正をリスク要因に想定していません。リスク管理に経営理念が反映されていないことになります。

あの設問は神戸製鋼の経営理念と事業リスクを参考に作ったものです。第1部の神戸製鋼の品質偽装事件を思い出してみましょう。同社は企業理念の1番目に「信頼される技術、製品、サービス」を掲げていました。ところが有価証券報告書の事業リスクでは、これに対応するリスク要因（品質不良、品質偽装）がまったく考えられていません。

Q　動物園の経営理念に対応したリスク対策は何ですか？

経営理念の視点で、動物園の4つの択問題をもう一度考え直してみましょう。4つの案は以下の通りでした。

a　動物舎の掃除を1日2回に増やす
b　檻を修理する
c　通路に屋根を取り付ける
d　利益重視で何もしない

動物園の経営理念を「動物とのふれあいを通して生命の大切さを伝える」とします。この経営理念をリスクマネジメントに反映するには、どのリスク対策を最優先すればよいのでしょうか。

aの掃除は、動物の健康を重視し、生命を大切にしている姿勢が表れているとみることができます。bの案では、檻がしっかりしていれば、安心して動物と触れあえるようになります。cの案では、夏の炎天下や雨の日でも動物園を楽しむことができます。お金と体力が十分あれば、3つの案すべてに取り組むこともできます。

あえて1つ選ぶために、経営理念の意味をさらに深く考えてみます。このケースでは、「動物とのふれあい」が「生命の大切さを伝える」ためのきっかけになると考えることができます。そうすると理念の中の「ふれあい」が最重要なキーワードになります。そのためにはbの檻か、cの屋根が答えかもしれません。

経営理念とリスクマネジメントの方針

動物園のケースでわかるように、リスクマネジメントの具体策は経営理念によって異なる内容になるということが重要なポイントです。実際の経営理念は抽象的に書かれていることが多いので、その具体的な意味を経営陣で共有することも重要です。

会社のリスクマネジメントでは課題がたくさんあり、1つの課題だけを選んで対応するのではなく、全体のバランスを考えたポートフォリオで対応しているはずです。そのバランスを経営理念に基づいて決めると、ステークホルダーに説明しやすくなります。

そして経営理念の解釈を経営陣で議論し、その解釈を従業員と共有することがリスクマネジメントのポイントです。

現場の判断の支えになる

ビジネスの現場では業務マニュアルで対応できないようなトラブルに遭遇することがあります。現場の従業員に応急的な判断や対応が求められるとき、経営理念が判断の支えになることもあります。ＪＲ各社が朝礼で安全憲章を唱和しているのは、非常時の判断が現場レベルで求められるときに、考え方の柱になるものと考えられます。もちろん、唱和が朝の儀式に陥っていないかという意識も重要です。

経営理念は詳しく書いたほうがよい？

自分の会社の経営理念を言える人は少ないのではないでしょうか。誰もが日々の業務に精いっぱいですから、高邁な理念は抽象的すぎて仕事の役に立ちそうにないかもしれません。

あるいは長すぎて覚えられないという理由もあるでしょう。長々とした経営理念はあちこちからクレームをつけられないよう、八方睨みで守りの理念になっているように見えます。

長い経営理念の例として、明治ホールディングスの経営理念をみてみましょう。この会社では「理念体系」という体系があり、「グループ理念」「経営姿勢」「行動指針」「企業行動憲章」で構成されています。その基本が「グループ理念」で、次のように掲げられています。

> 私たちの使命は、「おいしさ・楽しさ」の世界を拡げ、「健康・安心」への期待に応えてゆくこと。
> 私たちの願いは、「お客さまの気持ち」に寄り添い、日々の「生活充実」に貢献すること。
> 私たち明治グループは、「食と健康」のプロフェッショナルとして、常に一歩先を行く価値を創り続けます。
> （同社ホームページから、2017年9月）

みなさんはこれを覚えられますか。しかし、これで終わりではなく、「理念体系」全体で、1500字近くもあります。

経営理念は短いほうがよい？

短い経営理念は覚えやすい反面、解釈があいまいになるので、リスクマネジメントの大黒柱としては使いにくいかもしれません。

キヤノンの企業理念は１９８８年に制定され、「共生」のわずか2文字です。これだけではよくわかりませんが、説明を補足しているのでその一部を抜粋します。

「共生」とは、文化、習慣、言語、民族などの違いを問わずに、すべての人類が末永く共に生き、共に働いて、幸せに暮らしていける社会をめざすものです。
（同社ホームページから、２０１７年9月）

説明文全体はもう少し長いのですが、この方法は覚えやすく意図も確認しやすいので、よくできていると思います。またほかのキヤノングループ企業も同じ「共生」を企業理念にしており、わかりやすい方法かと思います。

しかし説明が美辞麗句ばかりで、キヤノンのビジネスとの関係がよくわかりません。残念なことにキヤノンは偽装請負問題（２００７年）を起こしています。「共に働いて、幸せに暮らす社会をめざす」はずなのに、派遣労働者との共生ができていなかったようです。

従業員が覚えやすい経営理念と、社会に説明責任を果たすための長々しい経営理念とどちらがよいのでしょうか。みなさんの会社の経営理念とくらべて、考えてみてください。

5 リスク評価の方法

リスク管理を行う前にリスクとは何かを知っていないと始まりません。これは経営者にもわかっていない人がまだいるようで、リスク管理の方針が間違っていることがあります。

次の問題は古い経営者にみられる典型的な勘違いの例です。このような経営者の下にいるとき、間違いを説明できるようになることがこの章の目的です。

Q 経営者がリスクの意味を理解できていないときには、どう対処しますか？

社長が「為替変動や原材料価格変動は場合によっては儲かることもあるのだから、リスクとはいえない」という考え方だとしましょう。従業員の立場では、社長の方針に従うしかないかもしれませんが、社長の考え方は何が間違っているのでしょうか。その答えはこの章の中にあります。

間違いがわかっても、それを社長に指摘できるかというと、簡単ではありません。指摘しに行っても、相手にされないかもしれません。このようなときはどうすればよいか、次の中から選んでください。答えは第3章にありました。

a　自分でリスクマネジメントを勉強して直接社長に説明する。

b　リスクマネジメントのコンサルタントから社長に説明してもらう。

c　監査役に相談する。

d　CFOに相談する。

【リスクとは何か】

リスクの概念は時代とともに変化していますが、現在の企業リスクマネジメントは、ISO31000がベースになっています。これによると、リスクとは「目的に対する不確かさの影響」と定めています。

目的とは?

「目的」とは安全や財務などの目標のことです。安全の目標とは、事故や不良品を減らすことなどを意味します。現場で仕事をしている人にとっては身近なリスクです。

財務の目標とは、売上目標や利益目標などのことで、それを正しく報告するということも意味しています。つまり適切な財務報告を行うことも重要な目的の1つです。経理上のミスや不正が起きると、正確な財務報告の目的に反することになります。したがって財務を正しく報告するということは経理部だけでなく、すべての従業員に関わる責務です。

システム開発会社で、受託したシステム開発が期末の3月納期に間に合わないケースを考えてみましょう。3月に仮納品で検収を終え、期末に売り上げてしまうことがあります。未完成部分は次年度に作業するので、開発コストが次年度に発生します。このコストは今年度の費用には含まれないので利益を過大に計上することになります。これは財務を正しく報告するという「目的」に反する例で、悪質な場合は不正会計事件に発展しかねません。

あるいは赤字になった開発プロジェクトで投入し過ぎた人件費を次年度に繰り越せば、今年度の業績を黒字にできます。このときも同じ問題があります。

このような不適切な処理を起こさないようにすることもリスク管理の重要な目的の1つです。プロジェクトリーダーの裁量でこのような調整ができてしまうことは、案外身近で起きているのではないでしょうか。監査法人による監査でも個々のプロジェクト単位で進捗を把握することは困難です。決算が実態と乖離していると、ステークホルダー、とくに投資家を欺くことになります。

影響とは？

「影響」とは計画（あるいは期待）から乖離することを意味します。わかりやすい例では、売上や利益が計画を下回ることです。また納品物や商品の性能や品質が目標値以下になることも、期待に応えていないことになり、期待からの乖離になります。

注意しておきたいのは、売上が計画を上回ることも計画からの乖離になるということです。「売上が目標に未達になるのはリスクだと思うが、上回るのはリスクではないのでは？」と思うかもしれません。世の中には「好ましくない結果はリスクだが、好ましい結果はリスクではない」と考える人が多いからです。

以前は、好ましくないほうだけをリスクとしていた時代がありましたが、ＩＳＯ３１０００以後では目標からブレることをリスクと考えています。

Q　目標売上を超えることはリスクですか？

海外売上が1億ドルある会社を考えてみましょう。現在の為替レートが1ドル１００円とすると、これは海外売上が円ベースで１００億円あることになります。もし1ドルが１１０円になると海外売上は１１０億円に増えます。逆に1ドル90円になると海外売上は90億円に減ります。

この不確かさが「目的（海外売上１００億円）に対する不確かさの影響」のことです。この状態にリスクがないといえるでしょうか。

「これは損するかもしれないが、得するチャンスでもある。プラスマイナスの可能性は五分五分で帳消しできる。だからリスクではない！」と考える人がいるかもしれません。

しかし、この会社は売上が目標を上回るか下回るかわからないので、目標からの乖離が明らかに予想される状態です。その状態は「リスクがある」と考えます。

為替や原材料価格の変動リスク

為替レートの変動は為替リスクとしてよく知られています。これをリスクではないとしてリスクマネジメントの対象から外すと、為替リスクを抱えたままの状

リスクとは目標からの乖離

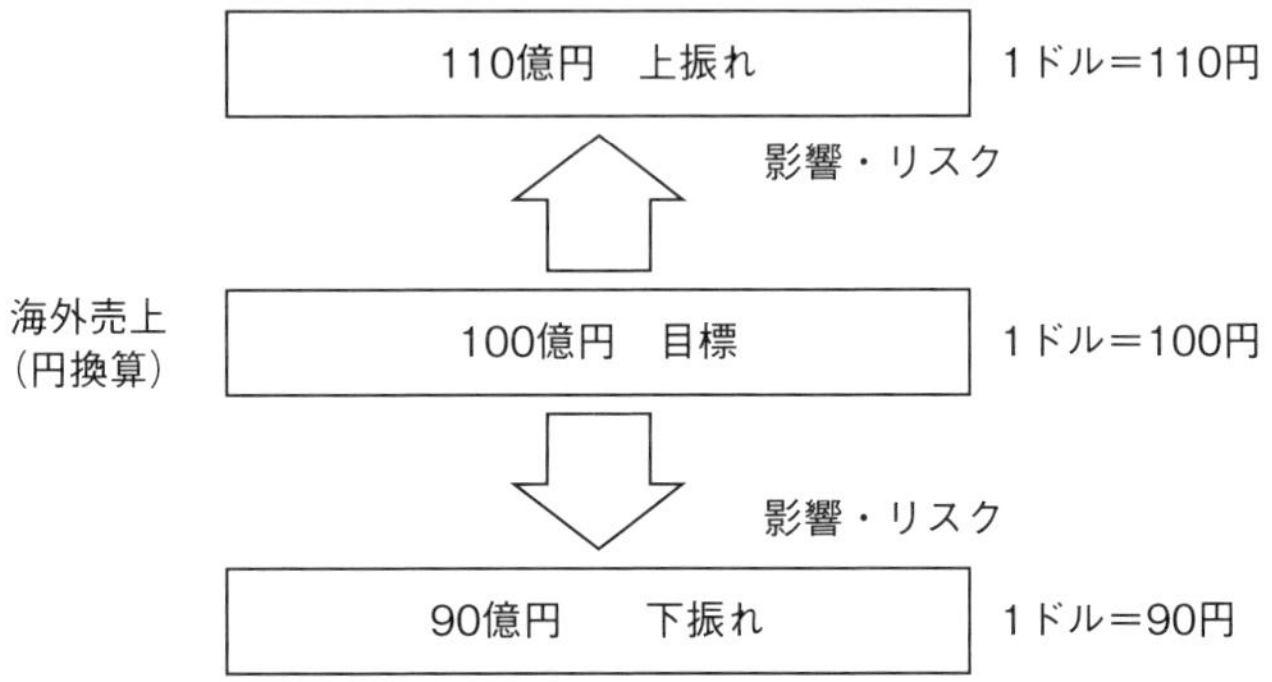

態になります。事業会社では為替リスクが収益源ではないので、このリスクを抑えるのがセオリーです。

つまり、不確かな状態にあることをリスクがあると考えるのです。目標売上を上回るかもしれない状態にあれば、下回ることもあるはずです。それをリスクとしてとらえるために、「目標に対する不確かさの影響」という言い方をしているのです。原材料の価格も不確実に変動しますが、これは原材料の価格変動リスクと呼ばれます。

Q リスクの対象はどこまで広げて考えますか?

では、どこまでをリスクとするかを考えてみましょう。想定範囲を広げだすとキリがありません。あり得ないことまで想定して準備するのは経済的ではないので、考える範囲を決めておくわけです。基本は過去に経験したか、十分予想可能なイベントをリスクマネジメントの対象とします。次の事例で考えてみましょう。

2013年にアルバイト店員が店の食品を使って悪ふざけをして写真に撮り、SNSにアップしたところ、大々的に拡散して社会問題になりました。これは「バイトテロ」と呼ばれていますが、バイトテロの起きた店舗はこのリスクに対策を講じていたのでしょうか。

一連の事件が起きるまでは、バイトテロはどの企業でも未経験で想定外だったと考えられます。このような場合はアクシデントと考え、リスクマネジメントの対象外だったとしても仕方がないといえます。その後、バイトテロが広く報道され、社会問題になってからは想定可能になりました。したがって現在ではリスクマネジメントの対象になります。

次々と新たな事件や失敗を経験するたびに、リスクマネジメントの対象は増えていくことになります。会社で何か事件が起きるたびに社内規程や手続きが増えるのも、リスクマネジメントの考え方によるものです。年々息苦しい職場になっていくのかもしれません。対策をできるだけシステム化するなどして、従業員の負担を減らしてほしいところです。

事件へのコメントと社会のリスクマネジメント

社会的な事件や事故が起きると、犠牲者のご家族の方が「このようなことが二度と起きない世の中になってほしい」といったコメントをされます。本当なら、怒りや悲しみの気持ちのほうが強いかもしれません。「私ならこのようにしっかりしたことはとても言えない」と思いながらニュースを見ています。これも、一度でも経験した不幸な事故や事件は、国や社会でのリスクマネジメントの対象になると解釈できます。

リスクとリターン

ビジネスには不確実な要因がいくつもあり、少なからず失敗するリスクがいつも付きまといます。ビジネスを行うことはなんらかのビジネスリスクをとることを意味しています。

リスクマネジメントでは、ビジネスリスクをとることが収益源（リターン）だと考えます。リスクを取らないということはビジネスをしないこと、つまりゼロリターンと同じです。リスクの大きな仕事は、リターンも大きくないと、うまみがありません。つまり、リスクの大きな仕事にはそのリスクに見合うリターンが上乗せされていると考えます。投資の世界では、この上乗せ分をリスクプレミアムといいます。

下図はこのリスクとリターンの関係を表したもので、右上はハイリスク・ハイリターンのビジネス、左下はローリスク・ローリターンのビジネスを表します。

リスクマネジメントの目的はリスクを最小にすることではありません。とれるリスクに応じたリター

リスクとリターンの関係

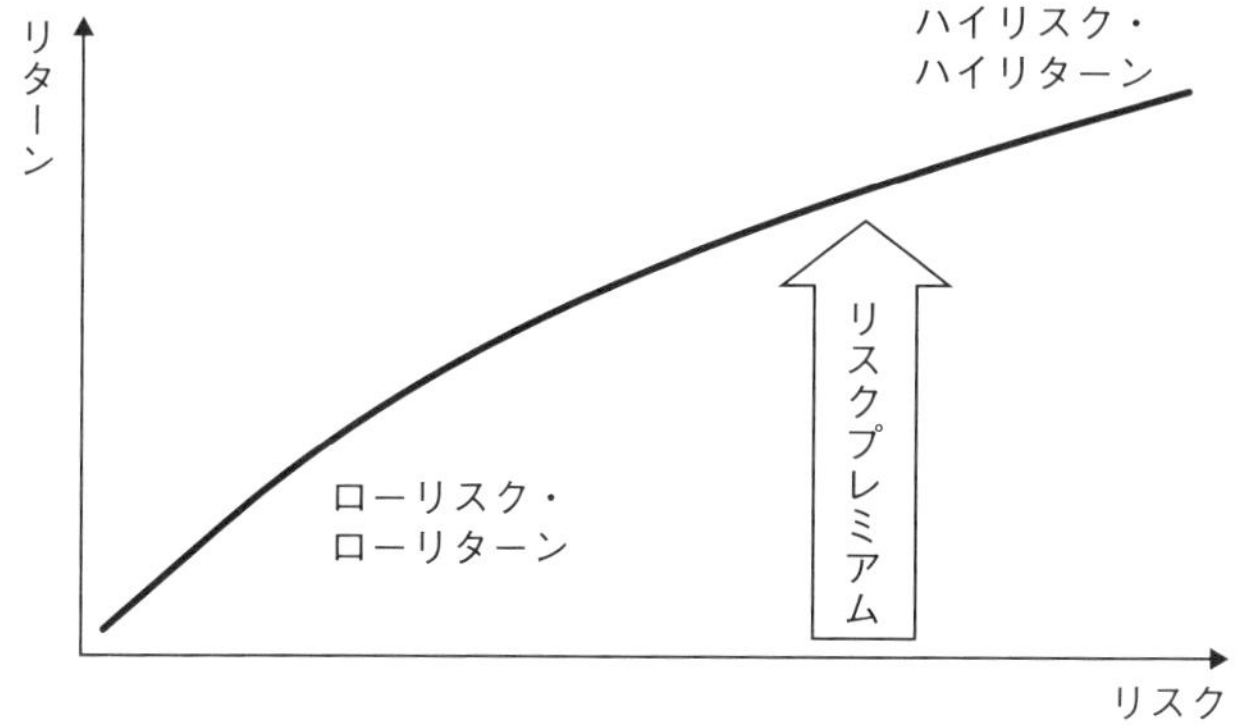

ンしか得られないという前提の下で、経営目標とリスクマネジメントを同じ軸で考えるということです。収益最大化のためのリスクマネジメントとか、攻めのリスクマネジメントといった考え方はここからきています。

ビジネスを行うときに受け入れ可能なリスクの大きさは経営者や担当者の想いだけでは決められません。これは資本構造や株主構成などによって変わるからです。たとえば無借金のオーナー経営者の会社なら、大胆なチャレンジができます。逆に銀行からの融資割合が大きな会社では、堅実な経営を求められます。

とるリスク、とらないリスク

先ほどの例では為替リスクは外すべきとしましたが、リスクが収益源だとすると、このリスクはとるべきでしょうか。これは、自社のビジネスの事業領域に応じて判断します。

たとえば、発電会社で燃料を輸入している場合、事業領域は発電事業でありそれが収益源です。ですから、輸入コストに関わる為替リスクは事業領域外と考え、銀行と為替予約の取引をして為替リスクを外します。一方、銀行は為替業務をビジネスとして営んでいるので、為替リスクをとることが収益源になっています。

リスクプレミアム

動物園の飼育員のケースで考えてみましょう。たとえば、ウサギの飼育員より、ライオンの飼育員のほうが襲われるリスクが大きいといえます。そこでライオンの飼育員には危険手当を出すことで、リスクに見合う給料を支払うことになります。飼育員にとっては、この危険手当がリスクプレミアムです。

【リスクの洗い出し】

社内の各部署で抱えているリスクを全社的に把握することをリスクの洗い出し（抽出）と言います。これはヒアリングや書面ベースなどで行いますが、報告しやすいリスクとそうでないものがあります。会社に何とかしてほしいリスクは報告しやすく、会社に知られたくないリスクは胸の中にしまっておきがちだからです。

洗い出しの限界

また社内不正に絡むリスクの洗い出しも難しい課題です。社内の人間関係のプレッシャーによって報告しにくい状況や、情報提供者が特定されやすい案件では洗い出されにくくなります。また、リスクの洗い出し作業は下部組織から上に上っていくので、上司の不正を報告する人はまずいません。

不正案件でなくても、現場の判断でコントロールしているリスクは多々あり、リスクの洗い出しには限界があります。その意味で、リスクマネジメントのフレームワークは、報告の正確性や企業風土の透明性を前提としていて、コンプライアンス頼みになっているところが課題といえます。

第1部で取り上げた企業不正の舞台は、リスク管理の箱ものができている立派な会社ばかりです。そこで不正が長く続いていたということは、リスクの洗い出しが形だけの作業に終始していたといえます。

リスク管理部員の壁

現場からリスク管理部に異動したら、現場の人が以前のように相談に乗ってくれなくなったとぼやいている人が知人にいました。リスクマネジメントが十分定着していない会社では、リスクの洗い出しは担当者が最初にぶつかる壁かもしれません。

それを打開すべく担当者個人の努力で現場とコミュニケーションを密にし、相互理解を深めることでリスクを洗い出しやすくしたという苦労話を聞いたこともあります。

中間的な方法として、各現場にリスクマネジメント担当者（リスクマネージャー）を置き、リスクマネジメントの考え方や経営者の姿勢を理解してもらい、現場とリスク管理部のパイプの役割を担ってもらうというやり方もあります。

固有リスクと残余リスク

リスクの洗い出しや評価のプロセスでは、固有リスクと残余リスクという2つの測り方があります。固有リスクとはリスク対策が行われていない状態でのリスクで、残余リスクはリスク対策がなされている状態のリスクです。

たとえば会社のPCを外に持ち出すとき、PCの盗難に遭うリスクに加えて、盗まれたPCから情報が流出するリスクがあります。このイベントの固有リスクはPCの盗難と顧客情報の漏洩です。一方、PCにパスワードロックなどのセキュリティ対策が行われていれば、PCを盗られても情報漏洩は起きないと考えてよいでしょう。この場合の残余リスクはPCの紛失・盗難だけになります。

リスクの洗い出しは、固有リスクか残余リスクかどちらかに決めて評価します。リスクマネジメントの本では、固有リスクでリスク評価せよと書かれているものが多いかもしれません。しかし、PCのケースで考えると、パスワードロックの対策が実施されている会社で、情報漏洩まで考えるとリスクの大きさを過大評価してしまいます。

多くのビジネスでは固有リスクがわかりにくく、それを考えても意味がない場合もあります。たとえば免震構造のビルに入っている会社で、固有リスク（免震構造のない状態）を考えても意味がありません。実効性や評価のしやすさの点では、残余リスクで評価するほうがわかりやすいと思います。

いずれにしてもリスクの洗い出し作業では、固有リスクか残余リスクかどちらかに決めておくことが必要です。

【リスクの4分類】

洗い出したリスクをなんらかの方法で分類すると全体観が掴みやすくなります。決まった方法はありませんが、ここでは上田（２００７）に紹介されている4分類に基づいて説明します。

① 金融リスク

金融リスクとはお金絡みのリスクです。為替レートや原材料価格の変動リスクなどがわかりやすい例です。売上の回収リスクも金融リスクです。

② 戦略リスク

戦略リスクとは事業戦略の失敗に関わるリスクです。研究開発の失敗もこれに含まれます。見落としやすいものとして、市場の縮小による売上縮小や、法の改正などによってビジネスモデルが続かなくなることも戦略リスクに含まれます。

たとえば、海外では電気自動車への移行を進めている国があります。これは自動車関連のメーカーにとって重大な戦略リスクの1つです。

③ ハザードリスク

ハザードリスクとは地震や水害などの災害に関するリスクです。停電、テロや流行病などもこれに含まれます。これは直接被害を受ける場合だけでなく、災害によるサプライチェーンの分断という形でも顕在化します。

リスクの分類

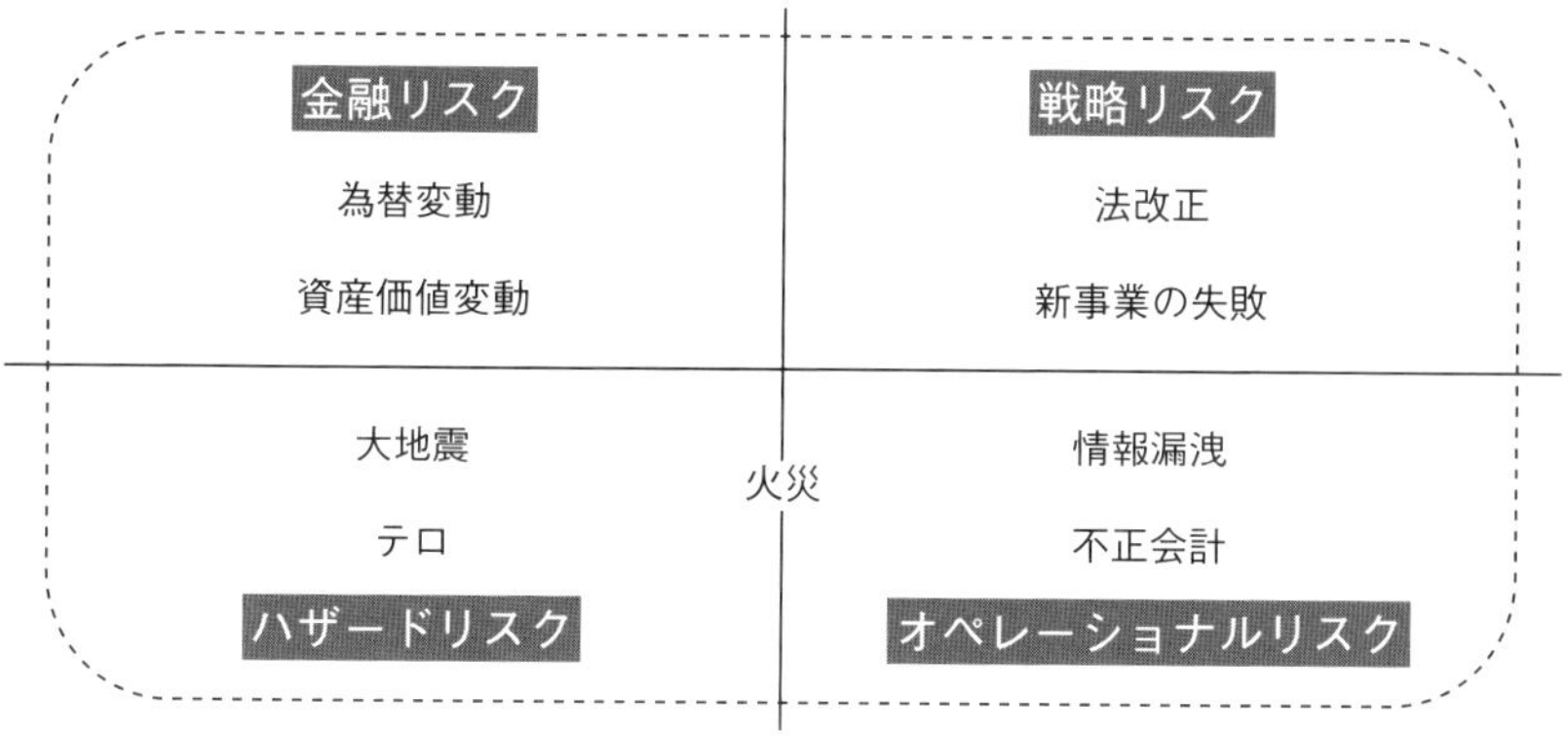

④ オペレーショナルリスク

オペレーショナルリスクとは従業員のミスや不正などによるリスクです。生産設備やシステムのトラブルもこれに含まれます。ほかには、ＰＣの紛失やそれによる情報漏洩もオペレーショナルリスクです。

リスクの分類作業では、図のように４つのゾーンにマッピングすると、参加者の合意を形成しながら完成させることができます。

しかし、実際に作業してみると分類に悩むことが少なくありません。火災リスクの分類で考えると、町全体に燃え広がるような大火災に見舞われるイベントはハザードリスクですが、社内からの失火による小規模火災ならオペレーショナルリスクと考えられます。

この場合は図のようにハザードとオペリスクの中間に記す方法もあります。あるいはそれぞれを２種類のリスクとして別々に分類する方法もあります。

分類がわからないときは事例を参考にするなどして、会社ごとの考え方で分類すればよいでしょう。

外部リスクと内部リスク

それぞれのリスクは外部（社外）からやってくるものと内部（社内）で起きるものに分ける

ことができます。たとえば為替リスクは外部要因のリスクですが、PCの紛失は従業員のミスなので内部のリスクと考えます。

表は外部リスクと内部リスクの例です。実際に分類してみると両方に関わっているものもあります。たとえば、火災は外から来るものと内部から起きるものがあります。そのような場合は2種類に分けて扱う方法もあります。

Q リスク分類の効果は何ですか?

リスクを4分類の図にマッピングしながら洗い出しをすると、参加者が議論しやすくなり、普段気づいていないリスクに気づくことがあります。

また、全社のリスクを4分類にまとめると、個々のリスクをどの部署で管理するかの問題を整理しやすくなります。たとえば、金融リスクは財務部、戦略リス

外部リスクと内部リスクの例

外部	内部
法改正 為替変動 原材料価格の変動 売上減少 嗜好の変化 大地震 広域停電 テロ	不正会計 投資判断ミス 情報漏洩 品質不良 不正検査 労災 人材流出

クは企画部、ハザードリスクは総務部が管理するといった方法です。分類することがゴールではなく、さまざまなリスクの全体像を可視化できて、管理部署が決まればよいと思います。また4分類によって会社がどのリスクを重視しているか、あるいは見落としがないかを分析するときにも役立ちます。これは第1部の神戸製鋼事件で使いました。

●参考資料

上田和勇『企業価値創造型リスクマネジメント——その概念と事例』白桃書房、2007

6　リスク評価と対策

【リスク評価の方法】

この章では、洗い出した個々のリスクに対して、どのように対応するかを考えます。このとき、すべてのリスクを完全になくす必要はなく、重要なものからコストと効果の見合いで対応します。

リスクの大きさは、その影響の大きさと起こりやすさの組み合わせで測ります。リスクイベントが起きたときの損失の大きさと、そのイベントが起きる確率の組み合わせでとらえる考え方もあります。たとえば次式のように損失と発生確率の掛け算で大きさを測る場合があります。

リスクの大きさ＝損失×発生確率

リスクイベントによっては損失を数値化できないものがあり、確率も損失の規模ごとに違うことがあるので、この式は簡易なモデルです。この式でリスクの大きさを評価する例を考えてみましょう。

ある工場にXとYの2台の機械があり、Xは1年間で15個の割合で不良品が発生するとします。そして不良品1個当たりの損失を3万円とします。この場合のリスクイベントは不良品が発生することで、リスクの大きさは次のように評価できます。

3万円×15＝45万円

これは1年間で発生する不良品の損失額の期待値と同じです。

もう1つの機械Yは1年で30個の割合で不良品ができ、不良品1個当たりの損失は5000円とします。機械Yの不良品ができるリスクの大きさは次のように計算できます。

5000円×30＝15万円

この金額で比較するなら、機械Xのほうが不良品リスクが大きいといえます。

図の横軸は不良品の発生確率（発生頻度／年）、縦軸は1個当たりの損失（影響度）を表し、この中にXとYのリスクを配置しています。グラフの右上にあるものが高リスクで、左下が低リスクなので、XよりYのほうが低リスクであることがわかります。

【リスクマップ】

洗い出した個々のリスクを、その影響と起こりやすさの組み合わせで図に書き込んだものがリスクマップです。リスクマップでは横軸にイベントの発生頻度（起こりやすさ）、縦軸に影響度の大きさを表し、各リスクをその発生頻度と影響度の大小に合わせて配置します。工場の

機械XとYの不良品発生リスク

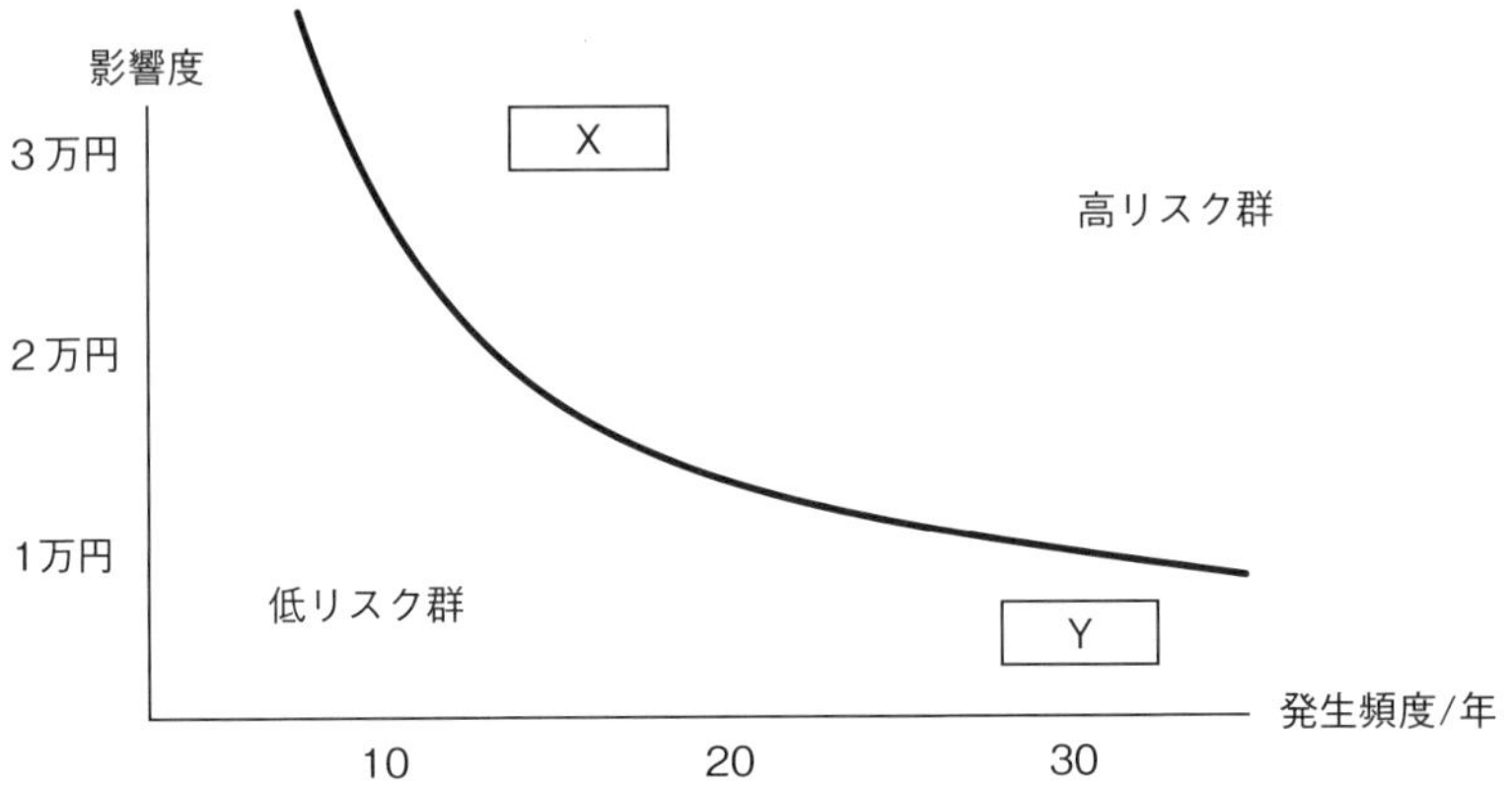

機械XとYの図はリスクマップの特殊な場合といえます。縦軸に発生頻度、横軸に影響度を書く人もいますが、どちらでも構いません。

図はリスクの4分類（第5章）の例から4項目をリスクマップに仮置きしてみたものです。「大地震」が起きる頻度は低いですが、影響は甚大なので、左上に置きます。それに比べて「為替変動」は頻度や影響度が中程度と考えて、中央に置きます。ほかの2項目も同様に考え、「新事業の失敗」は中央上部に、「情報漏洩」は左側中央に置きました。

マップの右上にあるものが高リスクで、左下のものは低リスクです。この例では、最も重要なリスクは「新事業の失敗」です。

リスクマップを作る作業にあたり、頻度は1年や1か月に何回起きるかといった尺度で決めるとわかりやすいでしょう。巨大地震のように

リスクマップの例

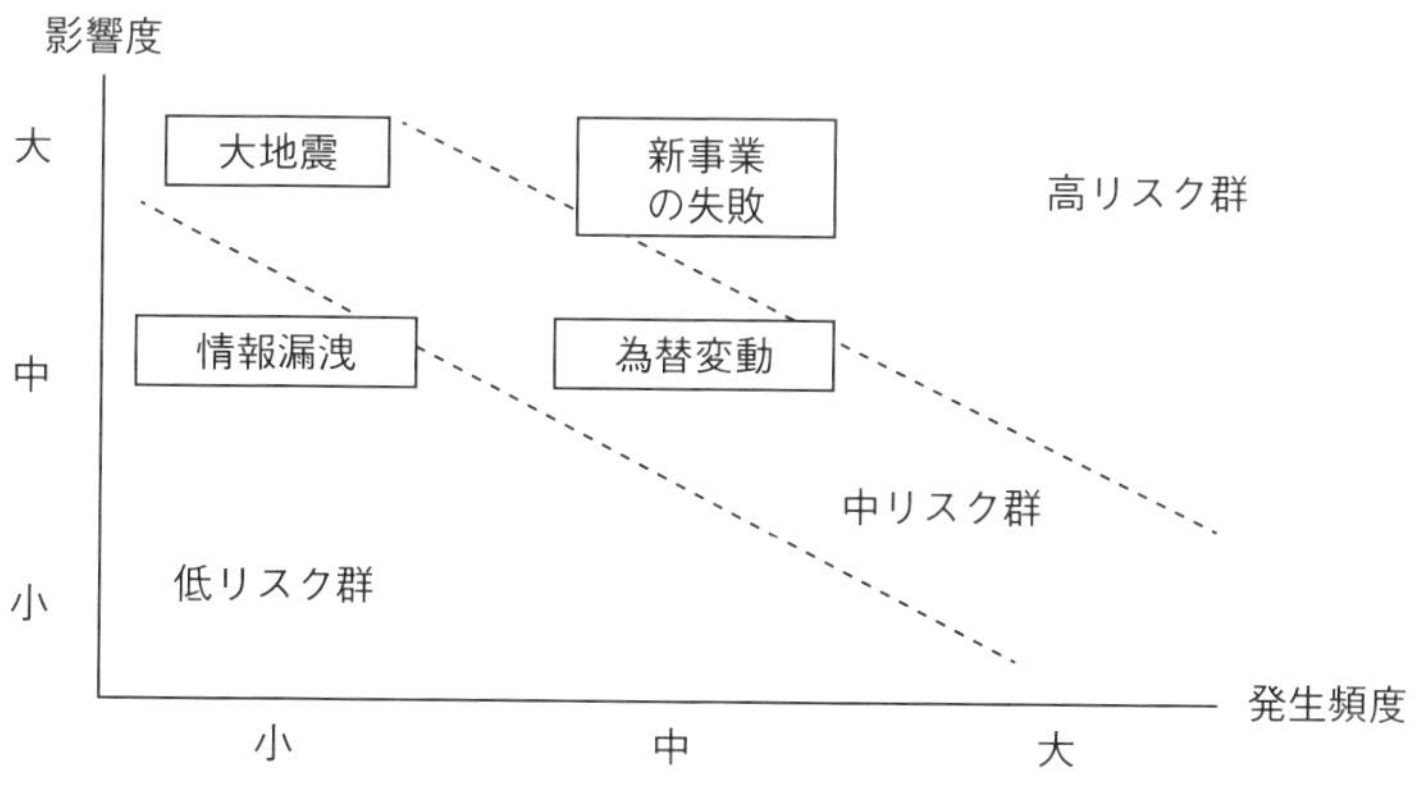

レアなリスクイベントについては10年、100年に何回起きるかという尺度で考えます。

影響度の大きさの測り方としては、会社の存続に関わるようなイベントは大、現場の努力で対応可能なイベントは小、というようなビジネス感覚で判断する方法もあります。

リスクマップの作成は答えが一通りということではありません。参加者で議論しながらマッピングすることでリスクへの理解を共有し、見える化することが重要なポイントです。そしてリスクマップによって会社のリスクを全体的に俯瞰できることになります。

リスクマップの落とし穴

リスクマップによって会社の重要リスクが決まるので、この作業は極めて重要です。しかしリスクマップの作成は担当者レベルの作業になり、リスク評価が形式的になりがちです。その結果、形だけのリスク管理に陥りやすくなります。

リスクマネジメントの目標は企業価値の向上でした。これをリスクマップに反映することが案外見落とされているようです。そのためには企業価値を損ねたり、経営理念に反するようなリスクイベントの影響度を大きく評価する工夫が必要です。それを怠ると重要なリスクを見落とすことになります。第2部4章の冒頭のクエスチョンや神戸製鋼事件では、「信頼」を失うようなリスクイベントの影響度を重視すべきでした。また従業員を過信せず、頻度を過小評価しないことが必要です。

【4つのリスク戦略】

それぞれのリスクに対して対応を考えるとき、その戦略は4通りあります。リスクの「低減」「回避」「移転」「保有」です。

リスクの低減とは発生頻度を下げるとか、影響度を小さくすることです。たとえば「大地震」については、免震建物に入居することで社屋の安全性を高め、倒壊による影響度を小さくするという戦略があります。「新事業の失敗」は事前のマーケティングを強化することで失敗する発生頻度（確率）を下げられるかもしれません。この戦略もリスクの低減になります。

回避とはそのリスクを持つビジネスをやめることです。新事業への進出をやめる場合は新事業リスクの回避になります。また赤字続きのビジネスをやめることも同じです。

移転とは、他の部署や会社にリスクを肩代わりしてもらうことです。わかりやすい例は火災保険や自動車保険で、これによって保険会社に火災や事故のリスクを移転することになります。「為替変動」の例では、為替予約を銀行と取引することで、影響度を低減できます。この場合、リスクは銀行に移転されたことになります。

ここで注意したいのは、保険やデリバティブで移転できるのは金銭的なリスクに限られることで、人命の安全や事業継続そのものは別に考えておく必要があります。

保有とは、とくに対策を行わずにそのままの状態でリスクを受け入れることです。なんらかの対策にとって低減された後の残余リスクが十分小さくなったときに、その状態にしておくことは残余リスクを保有していることになります。たとえば「情報漏洩」に関してはセキュリティ対策ができているとし、これ以上何もしないことにします。このような場合が残余リスクの保有になります。

表はリスク戦略の例をまとめたもので、会社が抱えるリスクの全体像がわかりやすくなります。

リスク戦略の目標

リスク戦略の目標とは「個々のリスクをどの程度まで小さく抑えるか」のレベルのことです。言い方を変えると、会社が保有できるそれぞれのリスクの大きさでもあります。

具体的には「情報漏洩」の発生頻度を3年に1

リスク戦略の例

リスク	リスクの大きさ	戦略	内容	目標
新事業の失敗	高	低減	マーケティングを強化	失敗を3割以下にする
大地震	中	低減	免震建物に移る	――――
為替変動	中	移転	為替予約を契約する	――――
情報漏洩	小	保有	何もしない	漏洩を3年に1回以下にする

回以下にしたいとか、「新事業の失敗」の割合を3割以下に下げたいといった目標を設定することです。その程度のリスク事象が発生してもなんとかなるといったレベル感でもあります。

品質管理で使われる3σ法は第1部の神戸製鋼事件の章で説明しましたが、これは不適合品の発生を2000個に3個以下に抑える考え方です。この発生率もリスク戦略目標としてよく知られている例です。

リスク戦略の可視化

下図のようにそれぞれのリスク戦略をリスクマップに書き入れると、戦略や目標を俯瞰的に可視化できるようになります。「大地震」については免震建物に入ることで影響度を下げたいと考えているので、下向きの矢印で表します。「新事業」は失敗する確率を下げることを狙っ

リスクマップとリスク戦略

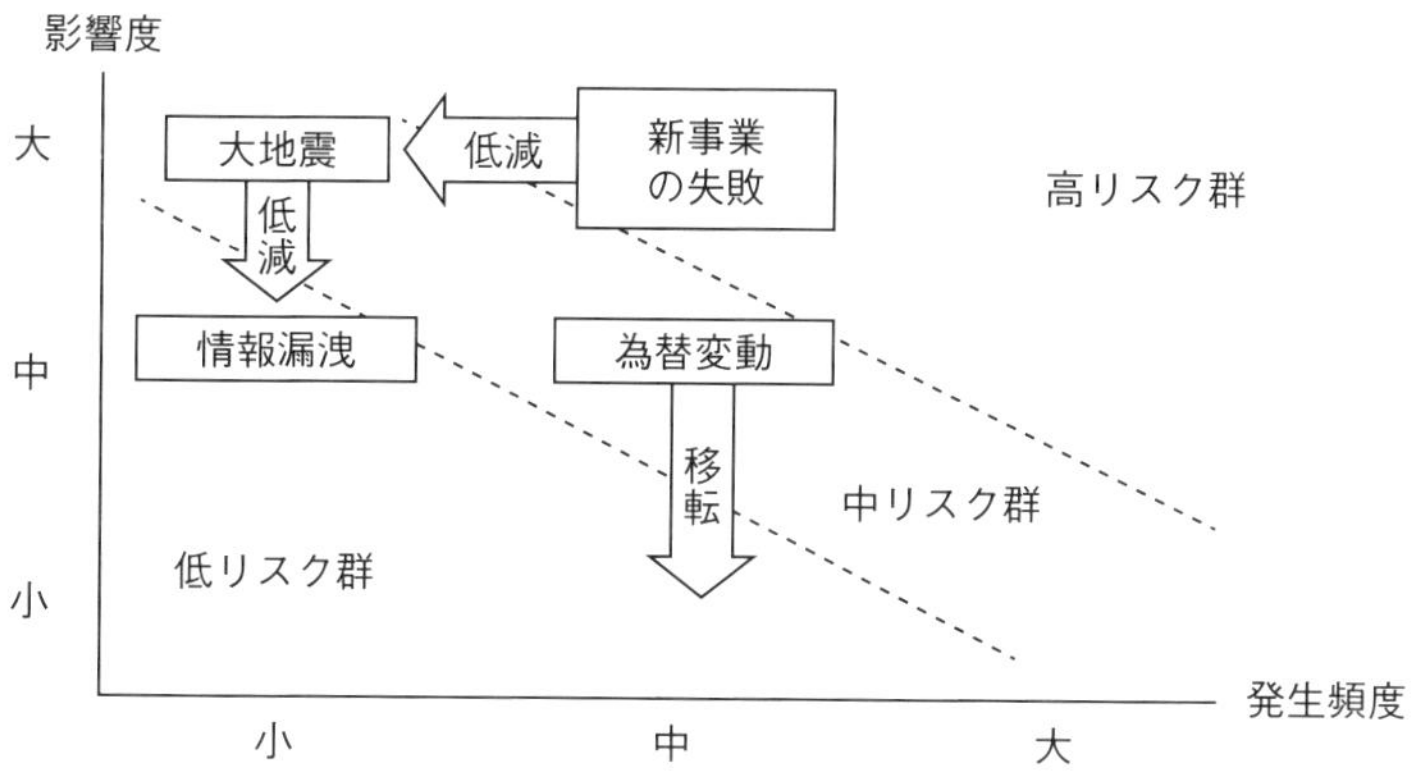

ているので、左向きの矢印で表しています。「為替変動」は為替予約で移転することによって、影響度を小さくできるので下向きの矢印で表します。

図の例では、すべてのリスクを中リスク群以下に抑え込めていることを示しています。これによってリスク戦略や目標の全体像がわかりやすくなります。

効果的なリスク戦略

リスクマップはリスク戦略を考えるときのヒントにもなります。リスク戦略の矢印が左向きか下向きかをみたとき、余地のある方向に矢印が向いているほうが効果が得やすいからです。たとえば、図の「情報漏洩」は発生頻度が小さいので、さらに頻度を下げるより影響を小さくする戦略（下向きの矢印）をとったほうが効果的といえます。この考え方でリスクマップを見直すと、「大地震」「新事業」「為替変動」の戦略はすべて効果的な方向に矢印が向かっています。

東洋ゴムの場合

第1部で取り上げた東洋ゴム事件では、再発防止策の推進中に新たな不正が発覚しました。競争力の弱い事業ではコストの制約から体制が脆弱になるので、不正が起きやすい構造を内部統制だけで改善することは困難です。結果的に同社は産業ゴム事業などを売却・撤退することを決めました。これは回避の典型的な事例といえます。

動物園のリスクマップ

第４章では動物園のリスクマネジメントを企業価値や経営理念の観点で考えました。ここでは動物園のリスク戦略をリスクマップで考えます。

檻が壊れて猛獣が脱走するリスクの頻度は低いとしても、もし起きたら大変なことになるということで、左上に置きました。伝染病は規模の大小によって違いますが、起きやすさと、それが動物園内に広がった場合の影響を考え、マップの中央上部に置きました。雨などによる来園者数の変動は日々起きますが、年間でみれば収入の大きな変動にはならないと考え、右下に置きました。動物園の経営理念は「動物とのふ

動物園のリスクマップとリスク戦略

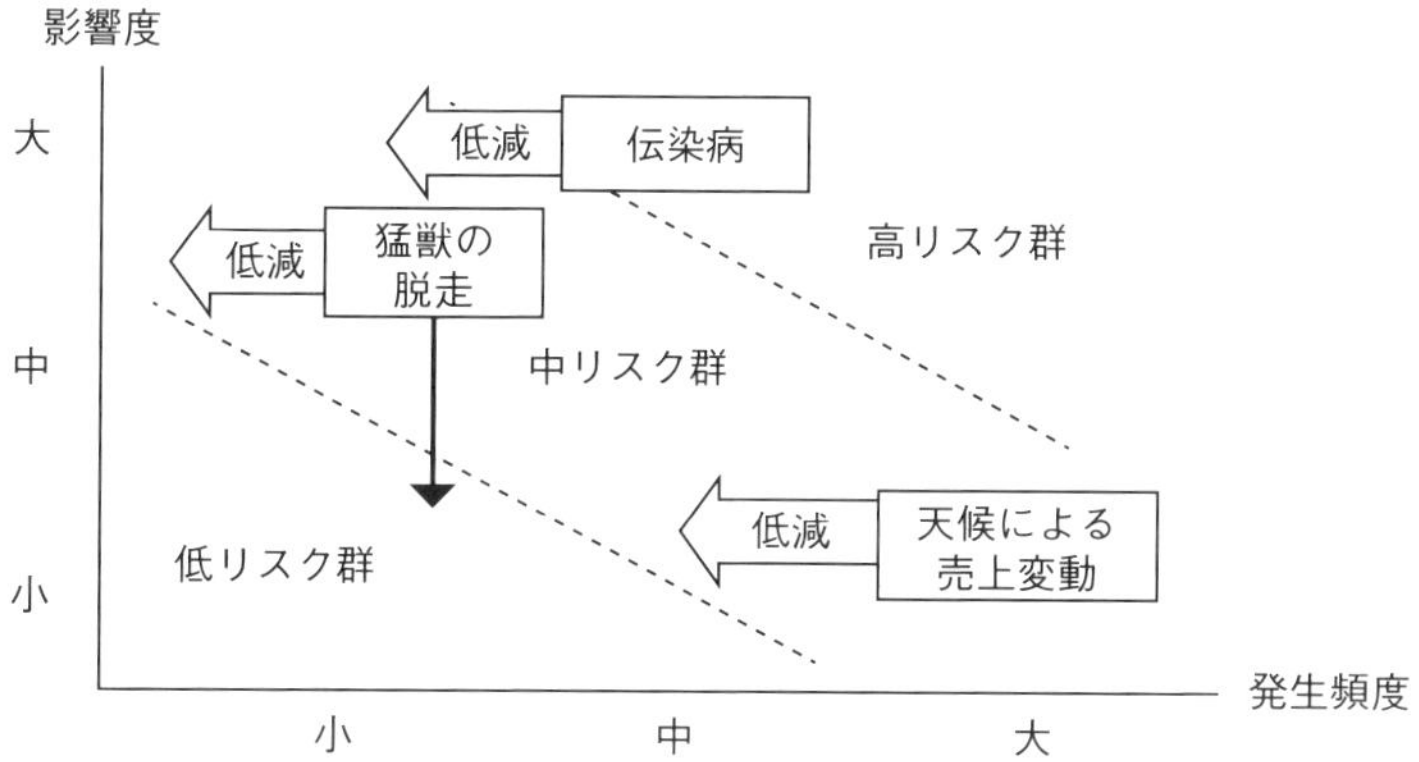

れあいを通して生命の大切さを伝える」でした。この理念に照らし合わせても、伝染病の影響度を最重要とするのは合理的といえます。

結果的には、伝染病のリスクが高リスク群に含まれ、最重要課題になります。動物舎の掃除を1日2回に増やすのは発生頻度を下げることになるので、対策を左向きの矢印で表します。

猛獣の脱走リスクに対して檻を修理する戦略は、これも発生頻度を下げることになるので、左向きの矢印で対策を表します。

天候リスクに対して通路に屋根を設置する案は、左向きか下向きかの判断が微妙です。ここでは雨の日の売り上げ減の頻度を下げる戦略と考えて、左向きの矢印で表します。これらの戦略はすべてリスクの低減になっています。

次に各リスク戦略が効果的かを考えてみましょう。「伝染病」は発生頻度を中から小に下げる方向に向かっているので効果が期待できます。

「猛獣の脱走」については頻度を下げるより影響度を小さくしたほうが効果的かもしれません。これを下向きの矢印で表しました。そのためには、檻の外側にもう1回りフェンスを作るなど、脱走したときの行動範囲を制限する方法が効果的かもしれません。

リスクマップの配置や戦略は考え方によってさまざまです。グループワークでいろいろな人の考え方を聞きながらまとめ、課題を共有しつつ、リスク戦略を可視化するところがポイントです。

【リスクマネジメントの限界と盲点】

現在のリスクマネジメントは現行の組織体制に基づいてリスクを洗い出し、全社的に対応するプロセスが基本となっています。このプロセスには3つの盲点があります。

1つ目は経営者によるリスクマネジメントの蹂躙《じゅうりん》です。これは第1部のオリンパス事件と東芝事件、第2部の第3章で取り上げましたが、リスク管理の限界を超えた最も困難な課題です。東芝の改善策（2017年10月）のように毅然としたガバナンス体制を導入すれば、このリスクはかなり低減できるでしょう。もちろんこのような厳しいガバナンス形態が国内企業に速やかに広がるとは思えません。しかし企業の不祥事は今後も発覚し続けるでしょうから、再発防止策として経営陣にとって厳しいガバナンス形態を導入せざるを得なくなり、東芝型のガバナンス形態が広がっていくかもしれません。

2つ目は、リスクの洗い出しが各担当者のコンプライアンス頼みになっていることで、これは第5章に書いた通りです。

3つ目は、リスクの洗い出しが現状の組織体制や内部統制を前提としている点です。これはリスクがそれぞれの組織の中で縦割り的に潜んでいるものと想定しています。各組織単位でリスクを洗い出している限り、組織間の監視が効いていないことや独立性が保たれていないような状況は見落とされます。

たとえば、製造部と検査部が同じ事業部内にあると、検査部は製造部と同じ収益責任を持つことになり、検査部の監視が甘くなります。事業部が効率目的で検査部を配下に抱えているなら、検査部の担当者がこの問題に気づいても、事業部長にもみ消されます。2つの組織の間に潜んでいるリスクは洗い出しの盲点になりがちです。

第1部の企業不正事件では、3つのディフェンスライン間の独立性が保たれていなかったり、機能していなかったりしたケースばかりでした。神戸製鋼事件の改善策をみてもこの問題が見落とされているようです。いろいろな失敗事例を教材として内部統制を見直すことが必要かと思います。

おわりに

本書の主題は企業不正をリスクマネジメントの視点で原因や再発防止策を考えることなので、このあたりで終わりにしたいと思います。

リスクマネジメントのプロセスにはまだ続きがあり、この先は具体的なリスク評価法や対策の議論になります。また危機管理、事業継続計画（ＢＣＰ）、クライシスコミュニケーションなど、重大なリスクイベントが起きた後の対応策も重要な課題です。

リスクマネジメントは法令や規格が背景にあり、それを正確に書くとわかりにくくなります。本書はわかりやすさを重視したので、法令・規格の内容に関わる議論をするときには、それらを確認しておくことをお勧めします。

リスクマネジメントのプロセス全体については多くの書籍が出ているので、この先はそれらの本を参考にすることをお勧めします。末尾に比較的読みやすい本をいくつか紹介しておきます。

本書を書いていて一番印象的だったのが東芝事件です。不正発覚後の対応の甘さからこの会社の存在理由が見いだせなくなり、筆者の力量では東芝の章の終わらせ方が考えられなかったからです。執筆中に同社から「内部管理体制の改善報告」が公表され、それに気づいたことが幸運でした。そして優れたガバナンス改善策の紹介で第1部を締めくくることができました。東芝事件を扱うことを勧めてくださった日経BP社の長崎隆司氏への感謝と、改善策を立案した東芝経営陣への敬意を表します。

●さらに先に進むための参考書

［会社法、ガバナンス］
伊藤靖史、大杉謙一、田中亘、松井秀征『会社法 第3版』有斐閣、2015
神田秀樹『会社法入門 新版』岩波新書、2015
松田千恵子『これならわかるコーポレートガバナンスの教科書』日経BP社、2015

［リスクマネジメント］
仁木一彦『図解ひとめでわかるリスクマネジメント第2版』東洋経済新報社、2012
三菱総合研究所ほか『リスクマネジメントの実践ガイド』日本規格協会、2010
吉野太郎『全社的リスクマネジメント』中央経済社、2017
リスクマネジメント規格活用検討会『ISO31000：2009 リスクマネジメント 解説と適用ガイド』日本規格協会、2010

安岡孝司（やすおか・たかし）
芝浦工業大学大学院工学マネジメント研究科教授
1985年みずほ情報総研（旧富士総合研究所）入社。金融技術開発部部長などを経て、2009年から現職。社会人学生向けに企業リスク管理、企業財務、財務分析、金融工学などの講義・演習を担当。大阪大学理学部数学科卒、神戸大学大学院理学研究科修了、九州大学大学院理学研究科中退。博士（数理学）（九州大学）。欧米の学術論文誌2誌の編集委員。著書に『Interest Rate Modeling for Risk Management』（Bentham Science Publishers）、『債券投資のリスクとデリバティブ』（大学教育出版）、『市場リスクとデリバティブ』（朝倉書店）、『戦略的技術経営入門』（芙蓉書房出版、共著）などがある。

企業不正の研究

リスクマネジメントがなぜ機能しないのか?

2018年3月19日　第1版第1刷発行

著　者　安岡孝司
発行者　村上広樹
発　行　日経BP社
発　売　日経BPマーケティング
〒105-8308 東京都港区虎ノ門4-3-12
http://www.nikkeibp.co.jp/books/

装　丁　岩瀬 聡
制　作　朝日メディアインターナショナル
編　集　長崎隆司
印刷・製本　図書印刷

ISBN 978-4-8222-5566-4

本書籍に関するお問い合わせ、ご連絡は下記にて承ります。
http://nkbp.jp/booksQA